혼자 잘 살면 결혼해도 잘 산다

혼자 잘 살면 결혼해도 잘 산다

임계성 지음

큰나무

| 작가의 말 |

독신으로 잘 먹고 잘 사는 법

　10년 전 까지만 해도 일반인들의 독신을 보는 시선은 그랬다. 마치 시외버스 종점 슈퍼의 한쪽 구석에서 먼지로 포장을 하고 있는 빵(유통기간 지난), 혹은 대형 슈퍼마켓 생선가게에서 폐장 시간까지 안 팔려 나간 고등어를 보듯 했다.
　결혼을 하지 않은 여자(노처녀)는 뭔가 사연이 있는 여자고, 과부는 서방을 잡아먹은 팔자 센 년이고, 이혼녀는 무책임하고 성격이 못된 여자로 취급했다. (그런데 독신남에 대해서는 편파적으로 관용을 베풀었다) 그리고 아이러니하게도 그러한 독선과 편견으로 무장된 전방에는 가족이 서 있는 경우가 대부분이었다. (독신들이 명절증후군을 앓게 되는 이유이기도 하다)
　얼마 전 어느 잡지 기자와 독신에 대한 인터뷰를 마치고 급성 우울증에 빠졌었다. 지난 15년 간의 세월이 감겼던 필름이 풀어지면서 온갖 고통과 회한의 기억들이 파편처럼 내 속을 들쑤시고 돌아다니는 것이었다. 한바탕 울고 나서야 퍽퍽했던 가슴이 시원해졌다. 사람들은 나에게 어쩜 그리도 씩씩하고 당당하고 재미있게 사느냐(혼자 사는 여자가……)는 말을 흔히 한다. 그런 말을 들을 때 나는 피식 웃는다. (내가 명랑 girl로 살기까지 얼마나 피눈물을 흘렸는데……)

사실 현재까지 내세울 것도 없는 독신인 주제(?)에 한 권의 책을 내 이름으로 세상에 내놓게 되었다. 그러나 한편으로는 독신으로 주제에 맞게 쓴 것이기도 하다. (한때 우리 오마니는 인생의 주제가 없는 애가 무슨 글을 쓰냐고 하여 내 가슴에 염장을 지르기도 했다)

솔직히 독신으로 15년을 살면서 온갖 스트레스로 홧병, 위장병, 술병 등으로 몸을 혹사하기도 하고, 여러 번의 연애 실패와 돈 때문에 고생하고, 친구라고 믿었던 여자에게 뒤통수를 맞으며, '나'라는 인간에 대해 연구하기도 하고 심리학 공부도 했다. (도서관 가서 책 빌려……) 그렇게 세월이 흐르면서 사람들을 관찰하고 주변 친구들의 경험들을 듣게 되었다.

이 책의 주제는 한마디로 '독신으로 잘 먹고 잘 사는 길'에 대한 안내라고 할 수 있다. 요즘 독신이 상승가를 치고 있다. 매스컴에서 화려한 싱글이니 네오 싱글이니 하며 자주 떠들지만, 과연 그런 사람들이 몇이나 될까? 내 추측에 3% 정도를 넘지 않는다.

'화려한 싱글'의 반대말은? '성냥팔이 여자'나 '노숙자'가 될 것이다. 독신의 자격요건은? 자신을 컨트롤하는 능력이다. 그래야 돈도 모으고 건강도 지키고 인맥도 관리하고 능력도 계발하고 연애도 잘하고 인생을 낭비하지 않고 살 수 있을 테니.

독신으로 자유롭고 멋지고 당당하게 사는 일이 그리 만만치 않다는 것을 비싼 수강료를 내고 뼈아프게 느꼈다. 그리고 막연히 멋진 싱글의 꿈을 꾸는 젊은 세대에게는 나의 글이 '죽비'가 되었으면 하는 바람이다. 독신인구 220

만 시대에 살고 있는 현실 속에서 이 책의 한 페이지라도 단 한 줄이라도 독자의 (특히 독신) 삶에 밑거름이 되기를 바라는 심정이다.

마지막으로 가장 먼저 부모님께 감사드리고 싶다. 특히 나의 오마니(엄마)의 독설과 애정이 당당한 독신으로 사는 액셀러레이터가 되었다. 그리고 고인이 되신 정재각 교수님과 정채봉 선생님이 너무 그립다. 또 초보작가의 원고를 출판하면서 특별히 애써 주신 큰나무의 한익수 사장님, 유연화 편집장님을 비롯한 편집부 여러분께 감사 드린다. 그 외에 원고 쓰는 데 도움을 준 우리 막내 대현에게 고맙고, 또 글의 모자람을 너무나 멋진 일러스트로 분단장을 해 준 친구 김관형, 책 뒷표지에 글을 보내 주신 옥시찬, 박강섭, 김정규, 박정철, 오윤현, 서일호, 박철관, 이지은 님들은 "복 많이 받으세요!!!"

| 차례 |

■ 작가의 말 독신으로 잘 먹고 잘 사는 법

제1장 삶의 또 다른 선택, 독신

    1. 날로 증가하는 독신, 다양한 삶의 패턴 15
    2. 독신에 대한 자아 테스트가 필요하다 18
    3. 혼자서 못 사는 남녀 결혼해도 못 산다 21
    4. 아무나 독신으로 살 수 없는 이유 25

제2장 독신에게 능력관리는 생존이다

  A. 평생직업을 찾아야 하는 시대
    1. 자신의 능력을 현실적으로 파악하기 31
    2. 독신인 내 인생의 목표와 목적 세우기 35
    3. 자기 PR과 자기 브랜드로 '나'를 마케팅하라 38
    4. 경력도 컨설팅이 필요하다 42
    5. 자신의 기본기와 능력계발에 투자한다 45

  B. 독신의 능력을 업그레이드시키는 방법

1. 독신의 특기를 강화한다 48
　　2. 독신은 시사와 정보에 밝아야 한다 51
　　3. 독신은 도전의식이 강해야 산다 53
　　4. 위기는 능력을 키운다 57

　C. 독신으로 타인과 잘 지내기
　　1. 친구 잘못 사귀면 원수 된다 60
　　2. 파트너와의 애정도 관리해야 한다 63
　　3. 인맥은 독신의 재산목록 제1호이다 66
　　4. 내 인생의 엑스트라들과 잘 지내기 69
　　5. '또라이'들에 대한 처세술 72
　　6. 독신으로 따뜻하고 풍요로운 인간관계를 만드는 노하우 75

제3장 　독신의 성공은 시간과 여가관리에 있다

　　1. 인생은 '일수찍기'가 아니다 79
　　2. 출퇴근, 점심 후의 자투리 시간 활용법 82
　　3. 독신에게 많은 일 중독증(워커홀릭) 조절하기 85
　　4. 독신의 휴일증후군 극복하기 88
　　5. 독신에게 엔돌핀을 주는 동호회 활동 92
　　6. 독신이 혼자 있는 시간 즐기는 법 95
　　7. 독신에게 버팀목이 되어 주는 신앙생활 98

제4장 　독신에게 재테크는 필수다

　　1. 종자돈을 만드는 저축통장 만들기 103

2. 독신은 경제정보에 안테나를 세워야 한다 107
3. 독신이기에 꼭 써야 하는 가계부 110
4. 경제적인 소비도 독신의 능력이다 112
5. 독신의 씀씀이를 보면 미래가 보인다 115
6. 독신들이 가장 많이 받는 대출의 종류 120
7. 독신의 청약통장 만들기와 아파트 분양에 대한 유리한 점 찾기 124
8. 독신의 주식투자, 이 점만은 알고 하자 126
9. 독신이 할 수 있는 부동산 임대사업 129

제5장 독신의 키워드, 사랑과 섹스

A. 독신의 사랑, 준비와 연습이 필요하다
1. 남들은 잘하는 연애, 왜 나만 안 될까? 135
2. 연애는 초기가 중요하다 139
3. 사랑도 전략이 필요하다 142
4. 왕자와 신데렐라가 잘못 만났을 때 145
5. 티코에는 벤츠 부속이 없다 149
6. 내 또래 여자는 버거워 152
7. 실연의 아픔보다 더 중요한 회복기 155

B. 독신에게 달콤한 사랑의 이중창, 호흡 맞추기 어렵다
1. 사랑과 섹스는 동의어가 아니다 158
2. 사랑과 섹스를 구분하는 남자들 162
3. 사랑 때문에 멍드는 인생들 164
4. 사랑은 자원봉사가 아니다 167
5. 잘못된 만남은 이별보다 더 두렵다 170

C. 건강한 정신이 건강한 섹스를 만든다
   1. '으랏차차 콤플렉스'(일명 변강쇠 신드롬)에 사로잡힌 남자 173
   2. 여자의 불감증과 남자의 조루는 사랑의 힘으로 고친다 177
   3. 침실 매너가 중요하다 181
   4. 성격에 문제 있는 남녀, 섹스에도 문제 있다 185
   5. 상대하기 힘든 독신남녀의 유형 190

제6장 **독신의 건강관리, 나밖에 챙길 사람 없다**

A. 나의 체질에 맞는 건강법
   1. 독신의 체질감별과 독신으로 살면서 바뀌는 체질 197
   2. 독신에게 체질개선이 필요한 이유 200
   3. 독신의 위장병, 이렇게 고쳤다 202

B. 독신에게 특히 필요한 음식 건강법
   1. 즐겨먹는 음식에 따라 성격과 팔자가 달라진다 206
   2. 독신에게 특히 좋은 건강 한방차 만들어 먹기 211
   3. 외식할 때 독신이 챙겨 먹어야 할 것들 214
   4. 독신이 식탁을 잘 차려야 하는 이유 217

C. 독신에게 운동은 필수다
   1. 아침에 잠 깨우고 취침 전 숙면을 위한 요가 221
   2. 짬짬이 할 수 있는 운동 224
   3. 몸과 마음에 휴식을 주는 웃음요법 227

D. 독신이 평소에 할 수 있는 간단 건강법
   1. 독신의 내 몸 사랑법으로 피로를 푼다 230

2. 요즘 유행하는 신토불이 건강법 233

제7장 독신의 집 구하기

1. 전·월세 구하기 239
2. 등기부 등본 확인과 주택임대차 계약시 유의사항 243
3. 전세보증금에 대한 법적 권리를 확보하기 246
4. 전세금 반환소송은 어떻게 신청하는가? 249
5. 개정 임대차보호법의 내용 252
6. 이사할 때 유의사항 256

제8장 독신이 꼭 챙겨야 할 생활정보

1. 좁은 원룸 넓게 쓰는 요령 261
2. 건강과 재운을 위한 집 안 꾸미기 264
3. 독신의 부엌에 꼭 필요한 식품목록 268
4. 응급시의 자가치료 271
5. 행복한 독신을 위한 10 계명 274

■ 부록 독신에게 도움이 되는 인터넷 사이트 소개

제 1 장

삶의 또 다른 선택, 독신

1. 날로 증가하는 독신, 다양한 삶의 패턴

얼마 전 뉴스에서 우리나라 여성들의 결혼기피 현상과 기혼여성의 출산율 저하에 대한 내용이 보도되어 세간의 관심을 끈 바 있다. 내 기억에 의하면 이는 20년 전쯤 외신 기사에서 읽은 프랑스 사회면의 내용과 같았다. 그런가 하면 오늘날 우리나라는 세 쌍 중 한 쌍이 이혼한다는 세계적인 기록의 국가가 되었다.

한 쌍의 이혼은 두 명의 독신을 만든다. 또한 30대 남녀의 만혼과 엄청난 교통사고율 등도 독신의 증가를 가속화시키는 주 요인이라고 보여진다. 2000년 인구조사에 의하면 총 1,439만 가구 중 15%가 독신가구이며, 2020년에는 그 비율이 20%를 넘을 것으로 전망하고 있다.

또한 독신가구의 33%가 20대에서 30대 중반의 연령으로 1인 가구의 대표적인 유형이라고 한다. 요즘 30대 여성이 독신이라고 말하면 능력 있다고 보고, 30대 남성이 독신이면 당연하다고 하며, 30대 남성이 결혼했다고 말하면 대단히 능력 있다(?)는 우스개 소리가 있다.

예전에는 나이든 분들이 웬만하면 빨리 제 짝을 찾아야 한다고 젊은 남녀들에게 스트레스를 줬지만, 지금은 능력 있으면 혼자 사는 것도 괜찮다고들 한다. (특히 할머니들의 주장) 정말 세상이 많이 바뀌었다고나 할까. 오죽하면 여자의 과거(?)와 남자의 대머리는 용서가 돼도 능력 없는 남녀는 용서할 수 없다는 유행어까지 생겼겠는가.

그런 한편으로 결혼정보 산업의 급속한 성장은 독신의 증가를 단적으로 보여 주는 동시에 결혼제도의 공고성을 확인시켜 주고 있기도 하다. 이는 우리 사회에서 독신보다 기혼자가 보편적인 삶의 형태라는 뜻이며, 막강한 이혼율에 비례해서 증가하는 재혼율 또한 이를 잘 뒷받침하고 있다. (인간은 망각의 동물이라는 것도 작용하겠지만)

아직도 우리 사회에는 독신에 대한 무지와 편견으로 무장된 다수의 기성세대가 건재하고 있다. 그들은 독신을 미성년자나 불우이웃 내지는 위험한 (요즘은 유부남, 유부녀가 더하다) 존재로 바라보고 있다. 20대나 30대의 독신은 철이 없고, 과부나 홀아비는 불쌍하며, 젊고 예쁜 독신녀는 위협적이라는 식으로 말이다.

내가 살던 지역은 (세검정, 삼청동, 팔판동이다) 대체로 전통적이고 보수적인 분위기였다. 나이를 먹어 가면서 "혼자 살아요" 소리가 차마 안 나왔다. (새로 이사 가면 반드시 물어 본다) 그래서 때로는 없는 남편 외국도 보내고(지사 발령받아서) 죽이기도 하고(사별했다고) 침묵으로 일관하기도 했다. 다행스럽게도 별로 섹시하지 않은 외모와 바른 인사성 덕에 나쁜 소리 안 듣고 이웃들과 잘 지냈다. (중매 서 준다고 신경까지 써 줬으니) 그러나 밤늦게 집으로 걸어갈 때면 누가 볼까 조심했던 기억을 갖고 있다.

그런데 이제 그런 것에는 완전히 신경을 끄고 사는 편이다. 내가 사는 빌라에는 독신이 더 많기 때문에 새벽 3시에도 발자국 소리가 난다. (그럴 때면 '어이구! 혼자 사는 티를 내요' 라고 흉을 보다가 피식 웃기도 한다) 요새는 독신도 여러 유형으로 나뉘어지고 삶의 모습 또한 다양하다.

20대 독신과 30대 독신, 40대 독신과 노인 독신이 있으며, 비혼자(첫솔 즉, 결혼하지 않은 솔로)와 이혼 경험자(돌솔 즉, 돌아온 솔로), 사별한 경우, 무자녀 독신, 한부모 독신(아이를 키우는 독신), 가족과 같이 사는 독신, 단독 세대주인 독신, 무산자(돈이 없는) 독신, 부르주아 독신 등 사는 조건과 환경이 다르니 삶의 목표와 모습이 각양각색일 수밖에 없다.

이들 중 우리 사회와 산업에 큰 변화를 가져오는 부류가 20대와 30대의 경제력을 갖춘 단독 세대주로 이른바 '화려한 싱글', '네오 싱글', '싱커(싱글 커리어 우먼)' 라 불리는 무자녀 독신들이다. 그들은 자신의 행복과 만족을 추구하며 적극적으로 독신을 삶의 한 선택으로 받아들이고 있는 것이다.

이제 우리 사회에서 독신은 더 이상 주변인의 삶도 억압받는 소수의 삶도 아니며 미완성의 인생도 아니다. 삶의 또 다른 선택이며 패턴일 뿐이다.

무엇보다 중요한 것은 자신이 선택한 독신의 삶을 건강하게 가꾸면서 만족감을 느끼며 사는 데 있다. 인생에서는 무언가를 얻는 대신 대가를 지불해야만 한다. 어느 쪽을 선택할 것인지는 각자의 자유의지에 달렸고, 그 결과는 자신만이 책임질 뿐이다. 누구와 손 붙잡고 태어나고, 죽는 순간에도 같이 동행하는 삶이 없다는 걸 한번쯤은 생각해 볼 일이다.

2. 독신에 대한 자아 테스트가 필요하다

내 주변에 서른 나이를 막 넘긴 여자 후배들은 결혼을 할 것인지 말 것인지에 대해 자주 고민을 털어놓고는 한다. 결혼과 독신 그 어느 쪽도 그녀들에게 두렵고 불안하기는 마찬가지인 셈이다. 자기 분야에서 확고한 경력을 구축한 것도 아니고, 그렇다고 결혼하자고 덤비는 남자가 있는 것도 아니고, 또 인생을 걸고 배팅할 만한 목표가 있는 것도 아닌 어정쩡한 상태이기 때문이다. 그럴 때 나의 대답은 단순 명료하다, '결혼을 하든 독신으로 살든 전략적인 마인드를 갖고 준비하면서 결정을 내리라'고. 그런데 현실적으로는 얼치기 주부(결혼 10년에 기본적인 가사도 못하는)로 사는 것이 얼치기 독신으로 사는 것보다는 훨씬 안정적이고 편하다. (밥과 섹스와 기타 사회적인 기득권이 보장되니까) 때문에 스스로에게 자신이 과연 독신으로 잘 살아갈 수 있는지를 자문해 보는 것이 중요하다.

1) 혼자 충분히 먹고 살만한 경제력이 있는가? (수입과 지출, 저축, 투자

등 관리능력)
2) 내 편이라 말할 수 있는 친구가 5명 이상 있는가? (희노애락을 같이 할 수 있는 선배, 동성, 이성 친구는 독신에게 있어 든든한 아군이다)
3) 인생에서 꼭 성취하고자 하는 목표가 있는가?
4) 아프면 종합검진을 받거나 보약을 지어 먹을 정도의 열성이 있는가?
5) 낯선 장소에서 새로운 사람들과 잘 어울려 대화할 자신이 있는가?
6) 혼자 식당, 극장, 술집, 여행지에 갈 수 있는가?
7) 내가 푹 빠지는 취미활동이 있는가? (도박이나 포르노 사이트 서핑하기 등은 제외)
8) 시간에 대한 효과적인 관리능력을 갖고 있는가? (업무 후, 여가, 휴일)
9) 외로움, 긴장, 불안, 두려움에 대한 감정 조절능력이 있는가?
10) 성적 충동성에 대한 자기 통제력이 있는가? (여기서 말하는 통제력은 성적 충동을 무조건 억압하라는 뜻이 아니라 대상과 상황, 관계 등을 이성적으로 조절할 수 있는 능력을 말한다)

위의 10가지 질문 중 최소한 7가지에 예스할 수 없는 사람은 독신에 대해 심각하게 고려해야 할 것이다. 그 중에서 1)의 경우는 독신의 필수조건이니 두말 할 것도 없고, 2)와 3), 4)의 경우는 노력하면 해결할 수 있다. 그런데 5), 6)번에 자신 없는 사람들은 대인관계에 불안을 느끼는 유형으로 독신으로 살면 갈등이 심해지기도 한다. 내 주변에 아는 후배의 이야기를 하면 이렇다.

35살의 그녀는 음대를 졸업하고 피아노 교실을 운영하고 있다. 선도 수차례 보았지만 이상에 맞는 사람을 못 만났다. 세월이 흐르사 여자 친구들과도 안 만나고 피아노 교실 속 (주거공간이 같이 있다) 마법에 걸린 공주가 되었다. 그녀가 잃은 것은 사회성(대인관계가 거의 없다)이고, 풍부해진 것은 상상력뿐이었다. 예컨대 자기를 내친 남자들이 불행한 결혼생활을 하고 있을 것이라든가 이혼했을지도 모른다는 등의 전화를 몇 번 받았다가 소식이 끊어졌다. 그녀가 만약 결혼을 했다면 행복하게 살고 있을까?

7) 8) 9) 10)의 내용은 서로 일정한 관계가 있는 것으로 보여진다.

책 번역을 하는 39살의 그는 취미가 단골 술집 순례하기다. 하루 저녁에 보통 4차까지 다니는데 3차, 4차는 반드시 혼자 간다고 했다. 그곳은 보통 조그만 카페로 여주인과 머리를 맞대며 술잔 기울이는 재미에 빠진 듯했다. 가는 술집마다 여자들이 자기를 좋아한다고 자랑에 거품을 물었다. 때때로 사는 게 외롭다고 노래를 부르기도 했다. 술에 취하면 자기처럼 잘 생기고 정력도 좋은(?) 남자를 가만두는 여자들이 불쌍하다고 몸부림을 쳐 댔다. 그의 별명이 '술 퍼서 슬픈 짐승이여!' 다.

그나마 단골술집이라도 있는 사람들은 다행인 편이다. 집에서 혼자 퍼마시는 남녀도 적지 않은 것으로 알고 있다. (사실 10년여 전에는 나 자신도 토요일이면 집에서 문 걸어 잠그고 술 마시는 적이 많았다. 독신생활을 리모델링하면서 집에 술병이 없어졌다) '화려한 싱글' 보다는 '성냥팔이 소녀' (춥고 굶주리고 외로운) 같은 싱글이 더 많은 게 현실이다. '화려한 싱글'로 살고 싶다면 무엇보다 자신의 자아부터 테스트해 봐야 할 것이다.

3. 혼자서 못 사는 남녀 결혼해도 못 산다

　'외 주둥이 빌어먹는다'는 말이 있다. 나도 이런 말을 여러 번 들었다. 그때마다 분기탱천하여 '똑같이 벌어도 혼자니까 더 잘 먹고 살아야지'라고 다짐했다. 혼자 살면 매사에 집착하지 않고 욕심을 낼 필요도 없고 그러다 보면 발전이 없다는 것이다. 물론 일리는 있지만 지금에 와서는 유효기간이 지나도 한참 지난 이야기가 되었다.
　강남의 한 부동산 업체의 조사에 의하면 월 임대료 100만 원을 낼 수 있는 독신남녀가 부지기수라고 한다. 그야말로 화려한 싱글시대인 것이다. 그렇다면 과연 독신으로 잘 산다는 것은 무엇일까?
　나는 그 기준의 첫 번째를 자신이 느끼는 만족감이라고 본다. 그 다음이 주변에서 건강하고 행복한 삶으로 보아 줄 때에 해당이 될 것 같다. 삶의 두 유형을 고른다면 '살아가는 사람'과 '살아져 가는 사람'이 있다. 전자는 인생을 능동적이고 적극적으로 개척해 가는 사람이고, 후자는 주어진 현실 속에 갇혀 한마디로 '손을 놓고 사는 사람'이다. 이들은 매사에 불만과 분노로

가득 차 있거나 저녁 어물전의 동태처럼 눈이 풀려 있다.

　독신의 삶도 두 부류가 있다. 단지 차이가 있다면 결혼경험이 있는 독신과 그렇지 않은 독신이 갖는 만족도가 다를 수 있다는 것이다. 일명 '돌솔'(돌아온 솔로)들은 결혼에 대한 환상이 없는 반면 '첫솔'(오리지널 솔로)들은 이성에 대한 기대감이 높은 것이 사실이다.

　독신은 모든 것이 자기 중심적으로 움직인다. 돈을 버는 것도 소비하는 것도 무엇을 하든 자기 위주다. 눈치를 보거나 간섭받지 않는 대신 모든 것의 책임도 자신의 몫인 것이다. 그렇기에 자신을 콘트롤 할 수 있는 능력이 절대적으로 필요하다.

　내가 보기에 혼자 잘 살지 못하는 남녀는 가문과 국가의 평화를 위해서도 계속 혼자 낑낑대며 사는 길이 그나마 다행이고 양심적이라고 생각한다. 결혼은 피난처도, 불량품 처리장도 아니다.

　　K씨는 39세의 이혼남으로 일류대학 출신이다. 그런데 IMF 때 회사가 부도를 맞고 사채로 기사회생하였다고 한다. 그는 술이 취하면 헤어진 전 부인 이야기를 사람들에게 하며 전화를 걸곤 하였다. 자기는 유명한 음식점을 다니면서 영양가 있는 것으로 먹는다면서 여자들 앞에서는 페미니스트로 행동하며 자신의 외로움을 토로하기도 했다. 내가 아는 몇몇의 독신녀들은 그를 동정하며 호감을 가지기도 했다. 고급 음식점에 와인 카페, 달변, 매너, 가끔씩 내비치는 고독한 표정 등. 그런 '작업' 끝에 그는 여러 명의 여자들과 줄다리기를 하며 더블 데이트를 즐겼다. 마치 결혼이라도 할 것처럼. (좋은 여자 만나면 결혼할 거라는 선언도 했다)

　결국 그는 아직도 혼자 산다고 한다. 여자의 머리는 장식품이 아니라는 사실을 그가 늦게라도 깨달았기를 바란다. 그의 삶도 나에게는 반면교사가 되었다. 만약에 자기 인생이 소중하고 자신을 사랑한다면 누구도 그렇게 살고 싶지 않을 것이다. 독신은 개인의 삶을 자유롭고 풍요하게 살 기회를 주기도 하지만 병들고 망가지기에도 충분한 조건이 된다는 것을 잊지 말아야 한다. 인생의 목표가 있듯이 독신생활도 플래닝이 필요하다.

4. 아무나 독신으로 살 수 없는 이유

　새장에 갇힌 새는 자유를 그리워하고 창공을 날아다니는 새는 안락한 보금자리를 찾느라 날개를 바쁘게 턴다. 굳이 비유하자면 독신은 자유롭게 비행하는 새와 같다고 볼 수 있다.
　그런데 무리를 짓거나 짝을 이룬 것이 아닌 '단독비행'을 해야 하는 독신, 과연 얼마만큼 자유로울 수 있을까? 아직도 우리 사회에서는 독신을 향해 색안경을 낀 눈으로 들판에 풀어놓은 망아지 보듯 편견과 무지로 무장된 사람들이 많은 게 현실이다. 독신은 일단 그들의 시선에서부터 자유롭지 않은 것에서 시작하여 경제적, 사회적, 문화적 자유의 획득을 위해 안간힘을 써야만 한다. 내가 예전에 근무했던 방송국에서 몇 년 간 겪은 악몽(?)을 생각하면 지금까지도 가슴이 벌렁거리는 동시에 심장의 화기가 머리 꼭대기에 안테나를 올릴 지경이다.

　방송국 행사로 야근을 하게 되면 L차장 왈 "미스 임은 어차피 집에 가야

기다릴 사람도 없는데 일이나 하고 가지!"(그럴 때마다 나는 '그래, 회사는 내가 지키마! 너는 집에 가서 떡이나 쳐라!'고 침묵의 야유를 던졌다) 언젠가는 한마디 툭 던진다는 말이 "혼자서 넓은 아파트에 살면 외롭지 않나? 우리 집보다 크다고들 하대!"(혼자인 여자는 단칸방에서 살아야 제격이고, 외로움도 작아지는지? 누가 사생활 관리까지 해 달랬냐?) 한 술 더 떠 '혼자 사는 사람들은 사생활이 문란하다'는 식으로 은연중에 얘기하는 것을 들을 때면 대판 욕이라도 퍼붓고 그 잘난 면상에 사표를 던져 버리고 싶었다. (나도 '한 성깔' 하는 인간이다) 회사에서 대출이라도 받을라 치면 혼자 사는 여자가 돈 쓸 때가 어디 있냐고 반문하지를 않나 은행에서는 독신녀라 대출이 어려우니 담보를 설정하라고 조건을 달지를 않나.

요즘은 독신이 많아지다 보니 예전보다 사람들의 시선이 많이 바뀌고 있다는 것을 느낀다. 그것은 TV 드라마 속에 당당하고 능력 있는 인텔리로 그려지는 독신들의 이미지가 막대한 영향력을 끼쳤다는 생각이다. 그런데 내 자신이 10년 넘게 독신으로 살면서 아무리 주변을 둘러봐도 겉과 속이 알차고 건강한 독신은 10%도 안 된다.

독신의 특권인 자유를 누리기 위해서는 자기 절제와 자신의 룰rule이 필요한 동시에 일상 속에서 절대 고독과 맞설 수 있는 강인한 정신력이 요구되기 때문이다. 규칙적이고 절제된 생활습관과 자신의 감정조절 능력은 하루아침에 저절로 주어지는 것이 아니라, 수 없는 자기 반성의 시간 속에서 익혀지는 것이다. 독신남성은 무절제한 생활로 심신이 병드는 경우가 많고, 독신여성은 자아 정체감의 불안, 성적 억압(애인 없는 독신녀가 성관계를 갖기는 쉽지 않다), 대인관계의 긴장 등으로 심리적 갈등을 겪으며 심한 경우 정신과 치료를 받기도 한다. (10년 전에는 나도 조울증과 불면증으로 자살충동에 빠져 정신과 대신에 요가를 배우게 되었다. 덕택에 심신의 건강을 되찾고 인생을 새로운 렌즈로 보기 시작했다) 성적 억압으로 판이한 인생을 사는 두 여자의 이야기를 소개해 본다.

35살의 그녀는 이혼녀로 일정한 직업 없이 20년 된 아파트에 방 하나를 세 얻어 살았다고 한다. 그녀의 첫 인상은 박쥐동굴에서 막 나온 듯한 음습함과 불투명한 유리를 보는 느낌이었다. 1년을 넘게 만나도 (같은 단체에 있었다) 자신에 대한 얘기를 거의 하지 않았고, 그나마 들은 얘기마저도 전부 거짓말이었다고 한다. 그런 그녀가 남자들 앞에서는 묘한 분위기를 연출하곤 하였는데, 꽤 오랜 후에 관계자(?)의 말들을 종합해 보면, 그녀는 성적 충동이 생기면 상대와 장소를 가리지 않고 발산하였다고 한다. 섹스만이 사는 기쁨이라는 게 그녀의 인생관이라고 들었다.

38살의 내 후배가 얼마 전에 난소암 제거 수술을 받았다. 난소암은 성생활이 전혀 없는 독신여성들이 걸리기 쉬운 병이다. 퇴원한 뒤의 그녀의 모습은 기막히고 허탈한 표정이었다. 옛날부터 병원은 그녀의 문화센터였다. 이유 없이(?) 아프고 얼굴에 여드름이 계속 난다고 했다. 그리고는 신경성 위장병에 생리불순 등등 병명이 늘어만 갔다. 몇 년 전 어느 병원의 젊은 남자 의사가 그녀를 진찰한 뒤에 했다는 이야기가 끝내줬다. 의사 왈 "이 병은 별거 아닌데요. 남자와 연애만 잘하면 바로 낫는 겁니다. 제가 남자 하나 소개해 줄까요?" 생각해 보니 그 의사가 명의였다. (그녀는 그 의사가 돌팔이 같다고 화를 냈었다)

아무나 독신으로 잘 살 수 없는 이유는 자유와 고독이라는 칼날을 다룰 수 있는 능력을 필요로 하기 때문이다. 그러므로 건강하고 만족스런 독신생활을 위해서 보다 전략적이고 시스템적인 마인드의 구축이 중요하다. 독신의 인생관리, 무엇을 어떻게 할 것인가?

제2장

독신에게 능력관리는 생존이다

A. 평생직업을 찾아야 하는 시대

1. 자신의 능력을 현실적으로 파악하기

언제부터인가 우리 사회도 평생직장은 없고 평생직업만 있다는 의식이 확산되고 있다. 성실과 존경을 뜻하던 명예퇴직이라는 단어가 IMF 이후 무능력과 유효기간 상실이라는 뜻으로 변질되었다. 능력에 따른 연봉제와 계약제로 일터가 포탄 없는 전쟁터로 변했다. 이제는 일류대 졸업장과 오랜 근속기간도 미래를 보장해 주지 않는다는 불안감 속에서 전직, 전업, 창업에 대한 고민을 하는 직장인이 많지만 또 다른 선택을 하기란 쉽지 않다. 그렇다면 과연 불투명한 미래에 어떻게 대처해야 할 것인가?

그에 대한 확실한 준비작업, 그것이 바로 '커리어 플래닝career planning'이다. 즉, 자신의 현재 적성과 능력을 파악하여 미래의 직업경로와 그에 필요한 능력을 단계적으로 개발하기 위한 장기계획을 짜는 것을 말한다. 따라서 그 첫 단계로 자신의 능력에 대한 객관적인 파악이 중요하다. 독신에게 능력

관리는 생존의 문제라고 해도 과언이 아니다.

  일반적으로 그 사람의 능력과 취미, 적성은 일정한 관계를 갖고 있다. 실제로 한 분야에서 성공한 사람들의 공통점은 자신이 좋아하고 원하는 일을 선택했다는 점이다. '너무나 하고 싶은 일'을 선택했기 때문에 남보다 열심히 노력했고, 그 가운데서 잠재능력이 개발되고 결과가 좋았던 것은 당연한 일일 것이다. 단지 '목구멍이 포도청'이라며 하는 일이 얼마나 능률이 오르겠는가? 열정도 땀도 없이 하는 일의 결과는 늘 그 타령일 수밖에 없다. 독신들 중에는 직장에 다니면서도 불안과 고민으로 세월을 보내거나 불만과 스트레스에 치여 술로 친구를 삼는 경우가 종종 있다.

  그들의 꿈은 복권당첨(?)밖에 없다. 특히 나이 삼십이 되도록 자신의 미래에 대한 설계도가 없다면 그들의 미래는 암흑시대일 뿐이다. 나이를 먹으면 자신감과 용기는 없어지고 기회는 급속도로 줄어들기 때문이다. 직장을 바꾸는 것도 쉽지 않지만 직업을 바꾸는 것은 그보다 더 어려운 것이 현실이다. 그렇다면 내가 잘 할 수 있는 것이 무엇이고 하고 싶은 것이 무엇인지 따져 봐야 할 것이다.

  직장인 체질이 있고 장사꾼 타입이 있으며 대인관계가 뛰어난 사람, 혼자 일하는 걸 즐기는 타입 등등 개개인의 성향과 적성이 다르다. 또 자격증을 따야 하는 일, 일정기간 교육을 받아야 하는 일, 어학능력을 구비해야 하는 일 등 직업의 종류와 그 조건은 다양하다. 노동부 www.work.go.kr나 한국직업능력개발원 http://career.re.kr의 홈페이지를 방문하면 직업에 관한 다양하고 유용한 정보를 얻을 수 있다. 만약 창업을 꿈꾸는 사람은 정확하고 세밀한 정보수집과 함께 창업 컨설팅 전문가의 자문을 받는 것이 실패를 줄이는 길이다.

먼 여행을 떠날 때 자기 차에 대한 정비와 기름상태를 점검하듯 인생의 긴 여로에서 자신의 능력을 점검하는 일은 필수적이다.

현재 46살의 L씨는 자신의 흥미나 적성과 먼 기계학과를 다니다 중퇴를 하였다. 한때는 공부도 잘하고 머리 좋다는 소리를 들었던 그가 품은 청운의 꿈은 고시공부였다. 방위로 군대를 대신하고 5년을 어영부영 지내다 포기했다. 그리고 아는 친척 사무실에 몇 달 다니다 때려치웠다. 어디든 6개월 이상 붙어 있지를 못했다. 어느 날 자신은 사업가 체질이라고 하면서 사무실을 차렸다. (다행히 능력 있는 부모의 지원으로) 성공하기 전에는 결혼하지 않겠다는 결심(?)만이 그의 유일한 성공(?)이 되고 말았다. 시작하는 일마다 실패를 하면서 술과 담배가 늘고 성격도 거칠어져 갔다. 지도도 안 보고 비포장 길만 골라 다닌 20년의 세월이 흘렀다. 얼마 전 사무실이 부도났다는 소문이 들려왔다. 그의 연속된 실패가 과연 단순히 불운한 운명 탓일까?

21세기에 와서 평생직업의 핵심으로 전문성과 창의성이 가장 중요한 요소로 떠올랐다. 미래학자 피터 드러커는 〈다음 사회Next Society〉에서 미래는 '지식근로자'가 이끈다고 전망하면서 정보독해력의 중요성에 대해 강조하였다. 자신의 능력을 정확히 파악하는 것은 독신에게 있어 가장 시급한 과제일 것이다. 그런 후에야 인생의 목표를 세울 수 있기 때문이다.

36세의 K씨는 여자전문대를 중퇴하고(응용미술 전공) 직장을 구했지만 취직이 어려웠다. 그동안 잡다한 아르바이트(베이비 시터, 카페 서빙, 의류매장, ……)로 간신히 생계를 꾸려간 지 3년이 흘렀다. 언젠가는 그림을 그리고 싶다는 이야기를 수없이 되뇌었다. 그러다 아는 사람 소개로 미술학원에서 초등학생 대상으로 미술지도를 하였다. 월급을 받자마자 적금을 붓기 시작했고, 2년 후에는 월급도 오르고 개인 미술지도를 같이 하게 되었다. 조금씩 학생 수가 늘면서 그녀는 아동 미술심리에 관심을 갖게 되었다. 좀더 그 방면에 대한 공부를 하고 싶은 열망이 생겼고, 1년 전 대학의 평생교육원에 '미술치료심리사' 과정을 수료하여 인증을 받았다. 그리고 얼마 전에는 조그만 전세를 얻어 이사를 했다. 뒤늦게 자신의 길을 찾은 그녀의 얼굴은 희망으로 빛나 있었다.

2. 독신인 내 인생의 목표와 목적 세우기

　내가 사는 이유는 내 삶의 목적이 되는 것이며, 내가 성취하고자 하는 것은 목표가 된다. 목적과 목표가 뚜렷하지 않은 인생은 바다 위에 떠 있는 부표와도 같다. '자기진단'을 통해 자신의 내적 욕구, 능력, 적성에 대한 객관적 정보를 얻을 수 있다. 누구나 나도 뭔가를 해내고 싶다는 기본적인 욕구가 있다. 바꿔 말하면 나도 그 '무엇'이 되고 싶은 것이다.
　퍼포먼스 갭performance gap이란 말이 있다. 목표를 정했을 때 그 목표와 내가 할 수 있는 능력과의 차이를 말한다. 즉, 되고 싶은 나와 할 수 있는 나의 차이인 것이다. 그 차이를 어떻게 줄여 갈 것인가?
　출발점에서 가장 중요한 것은 자신에 대한 자아 존중과 긍정적 태도라고 본다. 이 세상에서 자신에게 독약이 되는 단 한가지는, '역시 난 안 돼' 라는 말이다. 학창시절에 어쩌다 한숨을 내쉬면 어른들이 막 야단을 쳤다. 나이를 먹으면서 그 이유를 알게 되었다. (기운 빠지고 의욕 없는 사람이 무슨 일을 제대로 하겠는가?)

2002년 대한민국의 화두는 '꿈은☆이루어진다'였다. 그 말은 희망과 용기의 다른 이름이다. 자신이 서 있는 곳에서 목표지점까지 가려면 많은 준비와 시간을 필요로 하기 마련이다. 내 주변에 입지전적으로 성공한 K씨의 경우를 소개하고자 한다.

K씨를 처음 만났을 때 그는 외판원이었다. (그때 나이 25살) 넉넉치 못한 환경이라 학교를 제대로 다니지 못한 그는 그 무렵에도 단칸방인 친구 집에서 '빈대살이'를 하고 있었다. 하지만 그는 매우 성실했고 '짠돌이' 소리를 듣더라도 반드시 성공할 거라고 기염을 토했다. 몇 년을 옆에서 지켜보면서 나도 그가 최소한 처자식은 고생시킬 것 같지 않았다. 돈을 모으는 동안 자격증도 늘어갔다. 10년이 지난 어느 날 친구 결혼식에서 그를 만났는데 처음에는 알아보지 못했다. 싸구려 잠바 차림에서 부유한 인텔리의 모습으로 나타난 것이었다. 국가기술고시 (행정고시만큼 어렵다고 한다)에 합격해서 지금은 정부기관 전산실에 근무하고 있으며, 아파트가 두 채라고 자랑하였다. 결혼만 하면 된다며……. 그러던 그가 지금은 결혼해서 애 아버지가 되었다고 한다.

나는 그의 성공을 보면서 감탄이 절로 나왔다. 그리고 그가 흘렸을 땀과 눈물을 떠올렸다. 그야말로 맨 땅에 벌거벗고 헤딩하며 산 인생이 아닌가? 순간 좀더 치열하지 않은 나의 삶이 부끄러웠고, 한편 내 자신이 많은 용기를 얻게 되었다. '되고 싶은 나'를 만들기 위해서는 몇 가지 단계가 필요하다.

1) 교육과 연수를 통해 지식과 경험을 습득한다. (교육기관)

2) 자신의 취약점들을 보강한다. (목표에서 필요로 하는 지식수준, 기술, 성격과 태도 등)
3) 업계에 대한 정보를 수집하고 분석을 한다. (경험자의 조언과 협조를 구한다)
4) 과감한 결단력이 필요하다. (세계적인 성공지침서 〈네 안에 잠든 거인을 깨워라〉의 키워드가 바로 '결단' 이다)
5) 끊임없는 인내와 노력이 있어야 한다.
6) 인간적이면서 원만한 대인관계를 유지해야 한다.

식당을 다니다 보면 눈에 자주 들어오는 액자 안의 글이 있다.

"시작은 미약하나 그 끝은 창대하리라."

독신인 내 인생의 목표 세우기, 누구나 다 할 수 있다. 그러나 그것은 100m 달리기가 아닌 마라톤 경주라는 것을 명심해야 할 것이다.

3. 자기 PR과 자기 브랜드로 '나'를 마케팅하라

우리는 똑같은 품질의 제품이라도 이왕이면 소위 '메이커'를 선호하는 경향이 있다. 대기업들이 자사의 상품광고 외에 기업 이미지를 높이기 위한 홍보에 주력하는 것도 바로 그 때문이다. 메이커 제품은 믿을 수 있다는 소비자들의 인식이 자리잡고 있는 까닭이다.

햄버거 하면 미국의 맥도날드를 연상하게 만드는 것이 바로 PR의 힘이다. 브랜드는 상표, 또는 특별한 종류라는 뜻이 있다. 그런데 무한경쟁 시대에 돌입하면서 개인에게도 브랜드 가치가 중요하게 되었다. "아무도 몰라! 며느리도 몰라!"라는 유행어를 만든 CF의 M할머니는 떡볶기로 개인 브랜드를 갖고 성공하였다. (그것도 60세가 넘어서)

내 기억에 그 할머니는 고생을 굉장히 많이 했고, 생계를 이끌어 가기 위해 떡볶기 장사를 하였다. 새벽부터 밤늦도록 일하면서도 미소를 잃지 않았고, 다른 집보다 맛있으면서 양도 많았다. 그 할머니의 성공비결은, 첫 번째

근면과 성실, 두 번째 기존 떡볶기에 야채와 어묵 등을 추가시킨 새로운 아이디어, 세 번째 주 소비자층인 신세대의 취향을 맞춘 즉석조리형 도입, 네 번째 자기 이름을 상호로 하여 신뢰성과 인지도를 널리 알렸다는 점이다. ('△△△ 할머니집 떡볶기'라는 상호는 긍정적 이미지의 결합이라고 보여진다)

어떻게 하면 나 자신을 PR하면서 브랜드화 할 수 있는가?

1) 자신이 원하는 분야의 전문지식을 습득하는 게 기본이다.
2) 자신의 능력 알리기는 사내의 인사나 개인사업에서 중요한 영향을 미친다.
3) 이미지 컨설팅 역시 패션도 전략이라는 말처럼 헤어스타일이나 독특한 트레이드마크를 갖는 방법이다. (연극배우인 한 친구는 늘 머리에 터번을 두르고 다니는데 그것 때문에 한번 만난 사람들도 기억을 잘하게 된다)
4) 자신의 캐릭터를 각인시키는 방법이다. 한 예로 독특한 명함을 들 수 있다. (내가 본 최고의 명함은 '믿음과 성실의 청년 ○○○'이다. 그 당시 20대 중반으로 조그만 공장(?)을 하던 그는 현재 꽤 성공한 중견 기업인이 되었다) 그런가 하면 자기에 대한 소개를 특이하게 하는 경우도 있다. (강남에서 잘 나가는 인생 상담가인 C씨는 "한 많은 인생 □□□입니다"라고 첫 소개를 한다. 대부분의 사람들이 그의 인사를 듣고 웃었고, 흉내를 낼 정도로 인상적인 자기소개였다.)
5) 폭 넓은 인간관계의 형성은 정보수집과 브랜드 구축에 필수조건이다. (방송계의 마당발로 통하는 P씨는 뛰어난 재치와 재능으로 '네모공주'

라는 핸디캡을 딛고 성공하였다. 그녀는 어느 프로에서 고백하기를 "어릴 때부터 모든 사람에게 잘해야겠다고 생각했고 진심이면 통한다"고 말했다. "인간은 관리하는 게 아니라 관계하는 것"이라는 그녀의 말은 명언이었다.)
6) 상대에 대한 감사와 배려가 '나'를 주목하게 만든다. (작년에 결혼한 유명 시나리오 작가 P씨가 신혼여행 후에 전화를 걸어 결혼식 참석에 대한 감사의 뜻을 전했다. 순간 이런 전화를 얼마나 많이 했을까 하는 생각이 들면서 새삼 그의 배려가 따뜻하게 느껴졌다. 그의 평소 태도도 늘 그러했지만)
7) 생일, 기념일을 위한 이벤트를 기획한다. 주위의 독신들 가운데 자기의 생일파티를 하는 경우가 의외로 없는 걸 보고 놀랐다. 내 생각에는 독신일수록 생일파티를 요란하게 해서 축하도 많이 받고 다양한 분야의 사람들과 커뮤니케이션을 갖는 것이 필요하다고 본다.

자기 분야의 독신 모임이나 동호인 모임을 통한 자신을 알리기도 브랜드 형성의 방법이 될 수 있다. 자기 브랜드의 확립은 오랜 시간과 노력을 필요로 한다. 고기와 야채도 종류와 요리에 따라 쓰는 방향이 다르듯 무조건 일만 열심히 해서 성공하는 시대는 지났다. 오늘날 우리는 자기 브랜드의 확립을 위해 '나'를 마케팅하는 전략이 필요한 시대에 살고 있는 것이다.

4. 경력도 컨설팅이 필요하다

일반적으로 경영 컨설팅이란 기업의 경영상태에 대한 종합적 진단을 뜻한다. 그 기업의 재정상태와 수익성, 장래성을 판단하고 예측하는 하는 것이다. 그런데 이제는 개인의 경력도 컨설팅이 필요한 시대가 되었다. 그 첫 번째가 바로 자신에게 맞는 '경력설계'를 하는 커리어 플래닝이다.

종교방송 프로듀서로 몇 년 동안 재직한 R씨는 어느 날 사표를 던졌다. 그리고 종교전문 음반제작업을 시작하여 단시일에 회사를 키워 나갔다. 방송국 시절에 쌓은 인맥과 사업수완을 십분 발휘하였던 것이다. 또한 신자들(소비자)에게 필요하면서도 구매력이 있는 상품을 기획한 것이 히트를 친 것이다. 그는 내가 보기에 프로듀서보다는 장사에 소질이 많았던 것으로 기억된다. 사람을 잘 사귀고 얼렁뚱땅 문제해결도 잘하는 것이 그의 능력이었기 때문이다.

커리어 네트워크는 자기 분야의 사람을 많이 아는 것으로 전문가들의 모임, 업종별 단체 등이 이에 속한다. 미국에서는 직장인들이 이직과 상관없이 매년 자기 이력서를 쓴다고 한다. 이력서는 자신의 가치를 나타내는 가격표와 다를 바 없기 때문이다. 머무를 것인가, 떠날 것인가? 고민하는 직장인들은 경력설계부터 할 일이다.

셀프 마케팅은 자신의 능력을 효과적으로 알리는 세일즈라 할 수 있다. 따라서 이력서, 자기소개서나 포트폴리오를 제출하고, 면접과 실기를 거치는 모든 활동에 자신을 최대한 알려야 한다. 이력서의 작성과 면접도 전략적으로 짜야 한다. 자신을 마케팅 하는 일 역시 능력으로 갖춰야 경쟁력을 가질 수 있다.

셀프 마케팅은 창업을 하는 경우에도 거래처나 고객과의 관계에서 중요한 일이 된다. 똑같은 규모에 같은 회사 제품을 팔면서도 2배의 매출을 올려 화제가 된 곳이 있다.

그 빵집은 대기업 회사의 지점으로 전철역 입구에 있다. 매장이 넓은 편으로 커피와 음료수도 파는데 실내 인테리어가 찻집 분위기로 탁자 배치도 꽤 신경을 썼다. 근처에 여학교가 2개 있고, 도서관도 있어 상권이 좋은 편이다. 특이한 점은 그 집은 거의 매일 가격세일이나 경품행사 등 이벤트를 하고 월드컵 경기 때에는 스티커도 나눠 주며, 대형 TV 설치에 16강 기념행사도 벌였다. 손님층 또한 학생뿐 아니라 가족단위, 중년여성들에 이르기까지 다양하다. 솔직히 나는 빵보다 차를 마시러 혹은 매장 분위기 때문에 가끔씩 문을 열고 들어가게 된다. (창가에는 잡지들을 비치해 두었다) 종업원들의 미소와 친절한 인사 역시 나의 마음을 잡아당기기 때문이다.

맛있는 라면 집을 찾아다니며 먹는 세상이다. (의정부에서 서울까지는 보통이다) 장사가 잘 되는 가게는 분명 이유가 있고 공통점도 있다. 바로 셀프 마케팅에 성공했기 때문이다.

한편 셀프 포지셔닝은 '자기진단'에 따라 어떻게 자신이 위치할 것인가라는 문제에 대한 전략이라 할 수 있다. 우선 자신의 능력을 알아야 하고, 자신의 분야에서 전문가가 되어야 한다. 그런 다음 현실에 안주하지 않고 도전 정신으로 변화시키면서 포지셔닝을 바꿔 나가는 것이다.

한동안 '탈개맨'이란 말이 유행한 적이 있다. 중견 탤런트 C씨는 자신의 장기를 살려 오락프로와 코미디 프로의 단골이 되었다. 가수가 드라마에 출연하는가 하면 개그맨이 연기자로 성공하는 경우도 드물지 않다. 중요한 것은 일단 자기 분야에서 입지를 굳히고 난 뒤에 영역을 넓혔다는 점이다. 직장을 옮기든 창업을 하든 자신에 대한 컨설팅이 필요하다.

5. 자신의 기본기와 능력계발에 투자한다

　21세기를 살아가는 현대인에게 컴퓨터, 인터넷, 영어는 기본기로 여겨진다. 그런데 컴퓨터와 인터넷은 단시간에 습득할 수 있지만 영어는 그리 쉽지 않다. 하지만 내 생각에는 영어를 배우기 전에 우리말과 우리 글부터 능통해야 한다고 본다. 말하기와 글쓰기는 자신의 의사표현을 전달하는 기본 수단인 동시에 기본기인 것이다. 문서의 작성이나 브리핑, 프리젠테이션 등을 무엇으로 하는가?

　말하기와 글쓰기를 잘하는 방법은 간단하다. 우선은 두려움에서 벗어나야 한다. 그리고 말도 자꾸 하고 남의 말도 열심히 듣고 책도 읽고 생각도 많이 하고 매일 몇 줄이라도 일기 쓰는 습관을 가져야 한다. 또한 전시장이나 극장, 공연장을 정기적으로 찾아가 보기도 해야 한다. 새로운 체험과 자극은 이해력과 창의성을 높이는 동시에 감수성을 키우는 기회가 된다. 뿐만 아니라 대화의 소재도 풍부해진다.

　이러한 것은 능력계발과 무관하지 않다. 경쟁이 심해지면서 저마다 능력

계발이라는 문제로 고심하게 된다. 사회생활에 필수적인 방법 몇 가지를 소개해 본다.

우선 일정한 지식의 습득과 정보의 활용을 위해서는 기억력, 집중력, 창의력을 개발해야 한다. 또한 문제해결 능력, 커뮤니케이션 능력은 1차적으로 요구되어지는 것들이다. 최근에 요가나 명상, 실바 마인드 콘트롤(Silva Mind Control, 미국의 실바 박사가 완성한 과학적이고 체계적인 정신력 개발시스템으로 잠재능력을 극대화시키는 방법이다. 스트레스 해소, 집중력과 기억력 향상, 대인관계, 목표달성 등에 효과가 있다고 알려져 있다)이 크게 각광받고 있다.

또한 이미지 요법(칼 사이먼의 〈마음의 의학과 암의 심리치료〉에는 이미지 훈련으로 우울증과 암도 치료할 수 있다고 한다), 최면요법(성격개선, 대인관계 공포개선, 우울증, 자신감 향상에 효과가 있다고 한다)에 점점 관심이 높아 지는 것도 그 때문이다.

마인드 콘트롤의 기도문(?)은 "나는 날마다 모든 면에서 좋아지고 있다"이다. '가면도 오래 쓰면 얼굴이 된다' 고 마음이 훨씬 편안해지고 생기가 나는 걸 느낄 수 있다. 절이나 교회에 열심히 다녀서 소원 성취했다는 사람이 많은 것도 같은 맥락일 것이다. (집중력 향상은 기도가 최고)

35세의 P씨는 여고 졸업 후 친척의 도움으로 중소기업에 취직을 했다. 학창시절에 글 솜씨가 뛰어났던 그녀는 자신이 좋아하는 외국작가들의 글을 원서로 읽고 싶은 생각에 영어공부를 시작했다. 직장생활하면서 영어학원을 다닌 결과 날로 영어실력이 늘어갔다. 늘 영어 소설책을 끼고 살면서 외국인만 보면 말을 걸고……첫 연애상대도 미국인이었다. 나중에 보니까 사고방식과 패션도 마치 외국인 같았다. 그렇게 10년이 흘렀다. 그녀도 먹고사느라 여러 직업을 전전했다. (특이한 성격, 옷차림, 말투 때문에 뛰어난 어학실력에도 불구하고 직장생활이 오래 가지 못했다.) 그러다 우연한 기회에 번역을 맡게 되었고, 그것이 계기가 되어 번역 일을 직업으로 삼게 되었다. 그녀의 노력이 결실을 맺은 것이다.

한편, 정보사회에서 갖춰야 할 능력은 유용한 정보의 수집과 분류, 활용이다. 신문, 잡지(교양, 경제, 시사, 전문 각 1권 정도 구독), 방송은 중요한 정보원이며, 그 외에 박람회, 세미나, 현장연수, 서점, 대형 할인점도 좋은 정보처가 된다. 인터넷 서핑도 정보찾기의 효과적인 방법이다. 다음은 수집한 정보를 일목요연하게 분류하고 정리하는 습관을 가져야 할 것이다. 능력계발의 한 방법으로 '모범답안 베끼기'를 들 수 있다. 현재 베스트셀러 작가인 S씨는 습작시절에 당대 최고로 꼽히는 대가인 L씨의 작품을 원고지에 옮겨 적으며 문장력을 키웠다고 한다. 그러나 S씨와 L씨의 작품경향은 전혀 다르다. 충분히 보고 배운 후에는 자신의 색깔을 찾아가는 노력이 필요하기 때문이다.

마지막으로 전문교육기관의 연수를 통해 각종 자격증을 취득하는 것도 한 방법이 될 수 있다. 독신이라는 조건을 최대한 활용하여 기본기를 연마하고 능력계발에 투자할 때 희망찬 미래가 보장될 것이다.

B. 독신의 능력을 업그레이드시키는 방법

1. 독신의 특기를 강화한다

　21세기는 전문지식과 기술을 가진 사람이 경쟁력을 갖는다고 한다. 전문가는 자격증과 경험의 축적을 토대로 능력을 인정받는다. 요즘은 한의원도 특정분야로 브랜드를 갖고 있다. 예를 들면 퇴행성 관절염은 ○○한의원, 비만치료는 □□한의원 등의 식으로 말이다.
　그것이 바로 전문성의 차별화 전략인 것이다. 연기자도 사극 전문배우라는 별명을 가진 사람이 있고, 사투리를 능란하게 구사하여 지방민 대상 프로에 MC를 맡는 연기자도 있다. 특기는 자신의 타고난 소질과 취미를 최대한 살려서 획득한 기술이며, 취미 수준을 넘어 프로에 근접한 수준을 말한다. 남보다 조금 더 잘하는 것만으로는 특기라 할 수 없다.
　특기를 강화하려면 오랜 시간과 돈과 노력이 투자되어야 한다. 내가 아는 요가 지도자 가운데는 다른 전문직종에 종사하는 분들이 있다. 그들 중에는 몸이 안 좋아서 요가를 시작했다가 지도자 과정까지 마치고 강사로 겸업을 하는 분들이 있다.

특기를 강화하기 위해서는 시간관리, 집중력, 독서의 생활화, 창의력 계발, 감정의 통제훈련 등이 필요하다. 그런 면에서 독신이 기혼자보다 유리한 조건에 있는 것이다. 시간의 자유, 생활의 자유 등 자신에게 투자할 여유가 많기 때문이다.

사람은 누구나 조금씩은 잘하는 재주가 있다. 손재주가 뛰어난 남자가 엄마 일을 도와주다 손뜨게질에 재능이 있다는 사실을 깨닫고 그 일을 직업으로 삼았다. 그는 가게도 열고 강사도 하게 되면서 유명해지더니 급기야는 매스컴을 타기에 이르렀다. 웃기는 재주가 있는 과학교사가 개그 프로에 진출한 경우도 있었다.

자신이 잘 하는 것을 취미로 하여 특기를 만들고, 그 특기를 강화시켜 타인과 차별화가 되면 전문성에 부가가치가 생기고 혹은 투 잡two Job을 가질 수 있는 것이다.

우리나라에서 독신 사이트를 처음 만든 N씨는 이혼경험을 가진 독신으로 자신의 경험과 노하우를 살려 솔로닷컴이라는 회사를 창업하고 사이트를 운영하고 있다. 회사직원들이 전부 이혼자라는 것과 23살에 애아버지가 된 그의 특이한 인생이 화젯거리가 되어 한때 매스컴의 각광을 받기도 했다. 그리고 몇 년이라는 짧은 시간에 독신의 증가와 함께 회사도 빠른 성장을 하여 재혼 관련 사업까지 확장하고 있다.

그는 자신의 핸디캡이 될 수 있는 이혼이라는 조건을 오히려 밑거름으로 만들어 독신을 위한 사업의 전문성을 갖게 된 경우다. 이혼과 독신, 재혼이 늘어가는 세태 속에서 그의 사업 전망은 밝다고 볼 수 있다. 그런가 하면 시나리오 작가 중에 코미디 장르를 꽉 잡고 있는 사람이 있다. 그가 쓴 작품마다 영화는 대박이 터졌고, 그때마다 그의 작품료는 뛰어올라 편 당 억대라는 말이 나돈다. 그의 전문성은 코미디에 있는 것이다.

2. 독신은 시사와 정보에 밝아야 한다

　독신으로 살다 보면 자칫 가족과도 소원해지기 쉽고 직장에서도 동료들과의 관계가 자유롭지 못할 수도 있다. (시사와 정보의 습득은 의외로 인간관계 속에서 얻는 경우가 많다) 그러한 핸디캡을 보완하는 방법이 바로 인쇄매체나 TV, 인터넷을 통한 정보습득이다. 일간지, 시사 주간지, 대중문화 잡지, 경제 주간지, 업계 전문지, 종합 월간지는 훑어 보아야 하고 전문채널은 시청해야 한다. 이러한 지식과 정보는 휴먼 네트워킹을 할 때 자원이 된다. 휴먼 네트워킹을 최대화하는 기회는 많다. 직능별 단체모임, 동창회 외에 사회 봉사단체, 환경단체, 스포츠 동호회, 독신 사이트의 오프라인 모임, 종교단체, 시민운동단체 등 자기만 부지런을 떨고 열심히 동참하면 각계각층의 사람들과 좋은 만남을 가질 수 있다.
　이러한 만남을 통한 휴먼 네트워킹은 자기관리를 필요로 한다. 각각 여러 모임의 성격과 취지가 다른 만큼 그에 맞는 자기 이미지 컨셉을 하는 센스가 요구된다. 어떤 모임이든 1차는 공식적인 주제를 갖고 토론을 하지만 2차를 가면 훨씬 자유롭고 개방적인 분위기 속에서 개인의 캐릭터가 드러난다. 그때가 바로 자신의 개성과 가치관을 보여 주는 계기가 되는 것이다.

휴먼 네트워킹은 '멀티 플레이어'로서의 자질과 능력이 업그레이드되는 가운데 더욱 촘촘해지고 넓혀지는 것이다. 그런 점에서 독신은 내면적으로나 외면적으로 자신을 가꾸는 노력이 더욱 요구된다. 머리가 가벼우면 독서와 사색으로 중량을 늘리고, 몸이 무거우면 다이어트를 하며, 마음이 병들면 치유를 하는 등 자신을 컨설팅해야 한다. 그렇게 자신과 남에게 끊임없이 관심을 갖는다면 정보와 인맥의 문제는 걱정하지 않아도 될 것이다.

S씨는 39세의 독신녀로 학원강사이다. 그녀는 얼마 전에 시민운동단체의 회원이 되었다. 별다른 취미가 없던 그녀는 회원이 되자 소모임 활동에 참여하면서(등산) 생활에 활기를 띠었다. 마침 회원 중에 학원강사가 2명이나 있어 서로 금방 친해졌다고 한다. 그리고 다양한 직업의 회원들과 만나면서 자신의 생각하는 폭이 넓어졌다는 것이다. 그녀는 그 단체에서의 활동을 통해 보람도 느끼고 있고, 무엇보다 삶의 활력을 찾았다는 것에 기뻐하고 있다.

내가 개인적으로 참가하는 '비즈방'이라는 모임은 한 독신 사이트의 커뮤니티로, 경제에 관심이 많은 독신의 모임인데 회원 간의 유대가 상당히 강하다. 회원들의 직업은 경영 컨설팅, 건설장비업, 주식투자자, 주식상담가, 번역가, 직장인 등 다양하다. 한 달에 한 번 정기모임을 갖고 경제 서적을 소개하며 서로의 근황을 묻는다. 그리고 새로운 경제정보를 교환하고 2차는 가무와 대화를 갖는다. 나에게는 나름대로 유익한 시간이 되기 때문에 빠지지 않고 거의 참석하는 편이다.

3. 독신은 도전의식이 강해야 산다

　나는 가끔 '그것이 인생이다' 라는 TV프로를 시청한다. 그야말로 인생이 무엇인지를 생각하게 하는 이 다큐멘터리 프로 속의 실패를 딛고 일어서는 주인공들을 보면 희망과 용기가 절로 생긴다. (그게 제작의도겠지만) 어쩌면 이 땅에서 '독신' 으로 살아간다는 자체가 도전적인 삶이기도 하다. 보수적인 기성세대의 눈으로는 질서에 편입되지 않은 일탈자일 수도 있다. 나 자신조차도 독신을 '성파자' (성격 파탄자)로 생각했던 적이 있었으니까.
　그런데 왜 독신은 도전의식이 강해야 살 수 있는가? 현실적으로 독신이라는 조건 자체가 자칫 나사 풀린 삶을 만들기에 적당하기 때문이다. 부양할 식구도 없고, 옆에서 간섭할 사람도 없으니 잘못하면 '일수' 찍으며 살기 쉽다. 그러다 보면 어느새 초라한 낙오자가 되는 경우가 적지 않은 것도 사실이다. 마치 장작불 위에 올려져 있는 가마솥 안에 있다가 서서히 뜨거워지는 줄도 모르고 안락사하는 개구리 신세처럼…….
　도전의식은 실패를 두려워하지 않는 것에서 출발한다. 그리고 실패를 인

정하는 데서 뿌리를 내리고, 마지막에 꽃을 피운다. 깐느영화제에서 황금종려상과 비평가상을 수상한 영화 〈빠드레, 빠드로네〉(Padre, Padrone 나의 아버지, 나의 주인님)는 한 이탈리아 언어학자의 '오뚜기' 인생을 영화로 만든 것이다.

이탈리아 남부의 거칠고 황폐한 섬, 이곳의 가난하고 무지한 부모는 아이들을 양치기로 만들기 위해 학교가 아닌 산꼭대기로 보낸다. 주인공 가비노는 몰래 학교에 갔다가 아버지에게 끌려 뭇매를 맞고 산으로 쫓겨간다. 외롭게 살던 가비노는 까막눈의 청년으로 성장하고 또다시 아버지의 강압으로 군대에 입대한다. 군대에서도 문맹의 촌놈으로 왕따를 당하기만 하던 가비노, 그를 동정하던 동료가 글을 가르쳐 준다. 글을 깨우친 가비노는 피나는 노력 끝에 표준어, 라틴어, 그리스어까지 정복하고 뛰어난 언어학자가 된다.

'눈 먼'(?) 양치기의 안주하는 삶을 버리고 고독과 편견, 배고픔이 기다리는 세상으로 나온 가비노. 그는 강물을 거슬러 올라가는 산 물고기의 삶을 택했다. 그것은 자신에 대한 믿음과 열정, 의지가 없이는 불가능한 일이다.

"이 세상에서 가장 큰 적은 자기 자신이며, 자신을 이기는 자가 진정한 승리자다"라는 말이 있다. 그만큼 자기 자신의 욕망과 싸워 뭔가를 이루기가 어렵다는 뜻이다. 용기가 있는 사람만이 도전의식을 갖는다. 도전의식 없는 독신은 생존경쟁에서 낙오될 수밖에 없다. 언젠가 학교숙제로 가훈을 적어 오라고 하자 엄마가 아들에게 하는 말이 그랬단다.

"우리 집 가훈은 죽기 아니면 까무러치기야!" (그러니 성공했지!)

도전의식 없는 독신의 삶은 철길 끊어진 기차를 탄 승객과도 같고, 부화되지 못하는 낙동강 오리알 신세와 다를 게 없다. 어느 선술집 벽에 이렇게 써 있었다.

"내게 너무나 지루한 오늘이 어제 죽은 이들에게는 그렇게 살고 싶어했던 내일이다."

나는 단 하루를 살더라도 그물을 뚫으려고 팔딱거리는 물고기가 되고 싶다. 그래서 〈빠삐용〉에서 자유를 위해 바다로 몸을 날렸던 스티브 맥퀸이 좋고, 좌절을 죽음으로 알았던 〈쇼생크 탈출〉의 팀 로빈스가 좋다. 절망을 희망으로 품고 생명을 담보로 도전하는 그들의 인생이 우리를 감동시키기 때문이다.

4. 위기는 능력을 키운다

위기라는 말은 위험이 50%, 기회가 50%라는 뜻이 있다고 한다. 누구나 살아가는 동안 위기의 문턱을 몇 번이고 넘게 된다. 비 온 뒤에 땅이 굳는다는 말처럼 위기를 넘기면 사랑은 더욱 깊어지고 사업은 풀려 가고 건강은 회복되며 선수의 기량은 향상된다. 대부분의 사람들은 위기의 문턱에서 불안과 좌절에 걸려 넘어지기 일쑤다. 반면에 성공(공을 들여 이룬)한 사람들의 공통점은 위험의 순간을 기회로 반전시켰다는 것이다. 걸림돌을 치우는 데 급급하지 않고 그걸 딛고 올라 선 것이다. 뚜렷한 목표의식과 성취욕, 자기 신뢰가 있었기에 가능했다고 보여진다.

위기는 갑자기 찾아오지 않는다. 비 오기 전에 천둥이 울리고 그 전에 먹구름이 몰려들고 습기가 뭉치는 것처럼 여러 조짐을 보이지만 대부분은 그걸 인지하지 못한다. 그러다 발등에 불이 떨어지면 그때서야 정신 없이 불을 끄려 한다.

K씨는 현재 37세의 선무도 사범이다. 중소기업에 다니던 그는 서른이 되던 해 회사의 부도로 실업자가 되었다. 한참 의욕적으로 일하던 그는 몇 군데 직장을 구했으나 취직이 되지 않았다. 매일 술만 퍼 마시던 그는 어느 날 친구가 잡아끄는 바람에 그 친구의 형에게 놀러갔는데, 그곳이 선무도 도장이었다. 운동을 해서 울분을 풀라는 말을 듣고 매일 다녔다. (시간도 많고 1개월 무료라는 말에) 6개월 후 열심히 하는 그를 보고 관장이 승급시험을 보라고 권했다. 그렇게 한 급수씩 오르다 보니 더 열심히 했다. 어느새 그는 사범이 되어 사람들을 가르치게 된 것이다. 그는 자신이 선택한 길에 만족한다고 했다.

나는 위기란 인생의 '몸살 앓기'와도 같다고 본다. 몸살을 한번 앓고 나면 오히려 몸이 가뿐해지는 걸 느끼게 된다. 몸도 면역력이 생기고 건강에 대해서도 보다 조심하게 된다. 비로소 자기 자신을 뒤돌아보게 되는 것이다. 자신의 과욕, 오만, 집착, 이기심 등등 …… 그런 점에서 위기는 능력을 키우는 소중한 기회가 될 수 있다.

"안 되면 조상 탓"이라는 속담이 있다. 사람들은 어려운 일이 생기면 남의 탓부터 하거나 자신의 불운함을 한탄하기가 일쑤다. 나 역시 그랬다. 그러나 잘 살펴보면 그 모든 어려움의 원인은 나 자신으로부터 출발한 것이었음을 이제는 알게 되었다.

올해 40세의 P씨는 지방에서 요가 수련원을 하고 있다. 15년 동안 요가를 수련했다고 한다. 평소에 말이 없고 차분한 성격이었다. 그가 요가를 시작하게 된 것은 좋지 않은 건강의 (어릴 때부터 허리가 아프기 시작해서 계속 통증 속에서 살았다) 치료가 목적이었다. 건강한 몸을 갖는 것이 소원이었던 그는 열심히 수련하여 요가지도자가 되었다. 그후 디스크로 고생하는 사람들이 요가를 배우러 찾아오고 사람이 모이면서 수련원을 열게 되었다고 한다.

우리는 살아가면서 많은 문제에 부딪치기도 하고 풀어 나가기도 한다. 결론적으로 '나 자신을 아는 것이 힘이다'는 걸 느끼게 되었지만 뭔가를 가지고 이루겠다는 욕심에서 자유롭지 않은 게 사실이다. 그리고 그 욕심이 마음의 '눈'을 멀게 만들어 어려운 지경을 자초하는 것이라는 생각을 하게 되었다.

요즈음 와서야 공자님이 말씀하신 "나이 삼십에 혼자 설 수 있고, 사십이 되어야 혹함이 없다"는 그 뜻을 알 것만 같다. 삼십대만 해도 나의 불운과 인복 없음을 한탄하기도 했었다. 그런데 세월이 지나면서 점차 많은 사람들의 삶을 엿보게 되었고 그 이후로 나만큼 복이 있는 사람도 별로 없다는 걸 깨닫게 되었다. 참으로 놀라운 일이었다. 그후 나는 '내 주제 파악 잘하기'를 염두에 두게 되었다.

C. 독신으로 타인과 잘 지내기

1. 친구 잘못 사귀면 원수 된다

독신의 행복지수는 인간관계와 밀접한 관계가 있다. 기쁨과 슬픔, 희망과 좌절을 나누고 위로 받을 수 있는 친구들이 있다는 것 자체가 축복이라는 사실을 독신으로 살면서 깨우치게 되었다.

사춘기에서 20대 초반을 지날 무렵, 나는 한때 친구들에 대해 속으로 짜증을 낸 적도 여러 번 있었다. 소소하게 돈을 빌려 주는 것에서부터 실연한 친구 위로하느라 외박하기(다음날이면 집에서 전쟁이 났다), 술값 갚아 주러 달려가기, 리포트 대신 써 주기 등등 …… 여자친구나 남자친구나 별 다를 바가 없었다. 어떤 때는 친구가 아니라 치통 같았다.

그리고 서른한 살, 그 당시에는 듣기만 해도 청승맞고 한숨 나는 '독신생활' 을 시작했다. 가족과 한동안 절연한 상태에서 직장도 새로 구해야 했고, 집을 구하고 나자 통장은 바닥을 드러냈다. 그때 나는 느꼈다. 그 순간 내게 필요한 것이 돈이 아니라는 것을. 전화벨 소리만 들어도 반가웠다. 사람이 그리웠다. 누군가에게 아무 얘기나 하고 싶었다. 그리고 얼마 후, 그다지 친하지 않은 친구가 부탁하는 내용의 전화를 걸어왔다.

통화를 마치고 그 친구의 심정을 헤아렸다. 그 순간 전화를 걸어 준 그 친구가 너무나 고맙게 느껴졌다. 자신이 어려울 때 도와줄 대상으로 나를 선택했다는 생각이 들었기 때문이었다. 그후로 나는 늦게나마 친구들과 마음속의 말을 많이 하는 법을 배웠다.

반면에 생리적 메커니즘이 복잡한 여자들끼리의 만남은 사소한 일마저 충돌의 긴장이 깔리기 마련이다. 말 한마디가 몇 년의 우정을 박살내기도 한다. 여자들은 친구가 자기에 대한 말을 하면 그냥 듣는 게 아니라 왜 그런 이야기를 하는 건지 이유와 원인 등을 곱씹는 경우가 많다. 그래서 들은 말을 전하지 않는 것이 상책이고 오해의 여지가 있을 때는 침묵하는 것이 안전하다. 내 경험에 의하면 영양가 없는 남자친구 여럿보다는 베스트 걸프렌드 하나가 훨씬 낫다. 독신은 동성 간의 우정을 돈독히 하는 것이 필수적이다.

1) 내가 생각하는 베스트 친구
- 친구의 마음을 잘 헤아려 주는 사람
- 친구가 잘못된 길을 갈 때 냉철한 조언과 충고를 아끼지 않는 사람
- 친구의 기쁨과 슬픔을 진심으로 나누는 사람
- 매사에 책임감이 강하고, 신뢰감이 높은 사람

2) 관계정리가 필요한 친구
- 우정의 이름을 이용하는 사람 (친구도 비스니스로 사귀는 경우)

- 친구가 어려울 때마다 핑계를 대며 외면하는 사람
- 늘 이기적이고 타산적인 사람 (당하거나 물들거나 성질이 더러워지기 쉽다)
- 친구들을 이간질하며 험담, 비방하는 것이 습관인 사람 (어리버리하게 지내다 뒤통수 맞고 이미지 구겨지고 스트레스로 화병 생긴다)

몇 년 전에 있었던 일이다. J씨는 내가 보기에 심신이 병든 '환자'였다. (일명 또라이) 나중에 들통난 사실이지만 그녀는 만나는 사람에 따라 학력이 고무줄이었고, 주변의 선배나 친구가 이용대상이었다. 친구들 사이 이간질하기, 친구와 그 애인 갈라놓기, 자기 애인의 친구 흉보기, 주변 사람 험담하기, 신세진 선배 뒤에서 흉보기, 독신친구 스캔들 퍼트리기, 배경 좋은 친구 병풍삼기, 힘든 친구 염장 지르기 등등 10년 동안 주변인들을 괴롭히다 결국은 '임자' (명예훼손으로 고소당할 지경까지 갔다) 만나 개망신 당하면서 많은 것이 밝혀지고 사람들과 관계가 끊어졌다. 오래된 친구들은(몇 년씩 인연을 끊다가도 그녀의 현란한 임기응변과 사과 편지에 다시 만났다고 한다) 그 사건으로 마음에 상처를 입고 부들부들 떨었다. 그녀는 주변사람들에게 친구를 가장한 '공공의 적'이었던 셈이다.

"그 사람을 보려거든 그의 친구를 보라"는 옛말처럼 어떤 친구를 만나느냐는 문제는 독신에게 있어서 중요한 의미가 있다. 친구를 감정적으로 사귀다 보면 의외로 낭패를 당하는 일도 있다. 그럴 경우 심리적으로 받는 스트레스가 훨씬 클 수밖에 없다. 독신으로 살면서 우정도 관리가 필요하다는 걸 절실히 느낀다.

2. 파트너와의 애정도 관리해야 한다

　나는 개인적으로 애인이나 연인이라는 낭만적인 표현보다 파트너라는 명칭을 좋아한다. 사랑하는 혹은 그리워하는 사람이라는 표현이 달콤한 슈크림 빵이라면 파트너라는 말은 꼭꼭 씹어 먹는 통밀빵과도 같다. 듣기만 해도 가슴 벌렁거리는 '사랑'이란 말보다 권리와 책임이 분명한 '파트너'가 애정 관계에 도움이 된다고 생각하기 때문이다. 파트너는 협력자로 서로 호흡을 맞춰서 함께 해야 한다는 사회적 관계설정이 되어 있는 것이다.
　파트너와의 애정은 평생회원용 콘도 분양권이 아니다. 일간지에서 출발하였다가 주간지, 월간지, 격월간, 무크지(비정기 간행물)를 거쳐 폐간될 가능성이 잠재되어 있다. 그래서 관리가 필요하다는 것이다.
　인간관계의 관리란 바로 관심이다. 상대에게 신경을 쓰고 마음을 들여다 보는 것이다. 애완동물들은 사랑받지 못하면 스트레스를 많이 받는다고 한다. 그런데 애완동물은 사랑이 넘칠수록 좋을지 몰라도 인간은 다르다. 지나치면 간섭이 되고, 부족하면 애정지수가 낮아지는 것이다. 물을 많이 주면

화초도 썩는다. 그렇다면 파트너와의 애정은 어떻게 관리를 할 것인가?

첫째, 상대방에 대한 존중심을 지속적으로 유지해야 한다. 그러기 위해서는 관계의 기본 룰rule을 지켜야 한다. 사각 링 안에서 권투경기를 하다 불리하다고 발길질을 할 수 없는 것처럼 애정관계에도 일정한 규칙을 정해야 할 것이다.

둘째, 상대방의 입장에서 그(그녀)의 말과 행동을 이해하려는 노력이 필요하다. 특히 남자와 여자의 의사소통 방식이 다르기 때문에 외국어를 습득하듯 서로의 언어와 문화를 배워야 한다. 모든 인간관계 속에서의 문제는 커뮤니케이션의 불통에 있다고 보여진다.
메시지가 전달이 안 되었거나 아니면 잘못 전달되었을 때 갈등과 분쟁이 생기는 것이다. 나 역시 여러 번 경험했지만 돌이켜 보면 나도 상대방도 자기 입장에서만 떠들고 상대방은 전혀 배려하지 못했다는 생각이 든다. 남녀 간의 애정관계는 한 점의 오해가 도화선이 되어 가스폭발처럼 터지는가 하면 한마디의 말이 얼음 같던 마음을 한순간에 녹이기도 한다.

셋째, 상대방에게 늘 관심을 가져야 한다. 상대방이 무엇을 원하는지, 일상적인 것은 물론 내면의 세계, 추구하는 목표와 당면문제 등 주파수를 상대방에게 맞추려는 관계방식이 요구된다. 사회적인 대인관계는 원만하면서 파트너와의 애정관계에 있어서는 유난히 잡음이 많은 사람이 있다. 그것은 바로 애정관계의 미숙함에서 오는 것이다. 둘이 한 짝이 되어 진행하는 경기에서 베스트 플레이를 하려면 서로 호흡을 맞추고 상대방의 컨디션을 챙겨야 하는 것처럼 파트너와의 애정관계도 마찬가지이다. 잡초를 뽑고 병충해를 예방하는 농사같이 애정도 그런 정성과 관리가 필요하다.

E씨는 38세의 독신남으로 은행에 근무하였다. 수려한 용모와 세련된 패션으로 여자들 사이에서 인기가 많은 그에게는 조용하고 차분한 타입의 애인이 있었다. 그들은 3년 동안 안정된 커플로 인정받으며 모임에도 늘 같이 다녔다. 그는 늘 그녀에게 헌신적으로 대하는 것처럼 보였다. 그러다 6개월 전에 결별을 했다. 그 소식을 듣고 다들 놀랐지만, 나중에 들은 소식이 더 기가 막혔다. 그는 그녀에게도 무척 잘했지만 다른 두 여자에게도 똑같이 잘했다는 것이었다. (대외 홍보용은 그녀이고, 한 여자는 섹스파트너, 다른 여자는 '누나'로 그의 물주였다는 사실이다) 그녀와 결혼이야기가 오가자 E씨는 주변 정리 작업에 들어갔는데 정이 많은 '누나'가 깽판을 친 것이었다. (그녀도 결혼을 원했기 때문이다) 그는 혹시 여자를 관리의 대상으로만 생각한 것은 아니었을까?

3. 인맥은 독신의 재산목록 제1호이다

　네트워킹이란 사람들이 이루는 여러 종류의 일을 횡적으로 연결하여 그물코와 같은 관계를 형성하는 일을 말한다. (사전의 풀이에 따르면) 정보화 사회가 되면서 그 중요성이 주목받기 시작했다.
　우리 사회는 아직도 연고주의, 학연, 출신을 따지는 배타성과 폐쇄성이 방위부대처럼 무장을 풀지 않고 있다. (그래서 학력 없고 돈 많은 남자들은 △△경영대학원이니 하는 곳에 엄청난 학비와 찬조금을 기부하며 학연을 만드는 것이다) 이러한 현실 속에서 독신에게 휴먼 네트워킹의 구축은 사회생활과 사생활에 절대적인 영향을 미친다고 해도 지나친 말이 아니다.
　휴먼 네트워킹 만들기의 1차적 과제는 커뮤니케이션 능력에 있다. 커뮤니케이션 능력은 사실 사회생활의 기본요건이기도 하다. 발신자의 의도가 수신자에게 정확히 전달되었을 때 커뮤니케이션이 이루어진다고 할 수 있다. 남의 말을 잘 들어야 하는 수신체계와 자신의 감정이나 메시지를 잘 전달하는 발신능력에 심각한 문제가 있다면 개인적으로 정서장애가 되기 쉽다.

대인관계에 공포나 긴장을 느끼는 사람들은 커뮤니케이션 능력이 떨어질 수밖에 없다. 친구나 동료와 친밀한 관계를 맺기 어려운 것은 당연한 일이다. 오늘날 성공한 사람들의 공통점은 커뮤니케이션 능력이 발달했다는 통계가 있다. 커뮤니케이션은 말하기와 듣기로 요약된다.

　어느 방송국에 근무하던 K씨의 별명은 '286컴퓨터'였다. 어디서나 왕따를 당하던 그는 어학과 전문지식에 특기를 갖고 있었음에도 불구하고 승진은 꿈도 꾸지 못했고 오히려 정리해고를 걱정할 정도였다. 자신의 의사표현은 어리버리하고 남의 말귀는 제대로 알아듣지 못해 툭하면 동료와 언쟁을 하며 '헐크'처럼 으르렁거리곤 하였다.

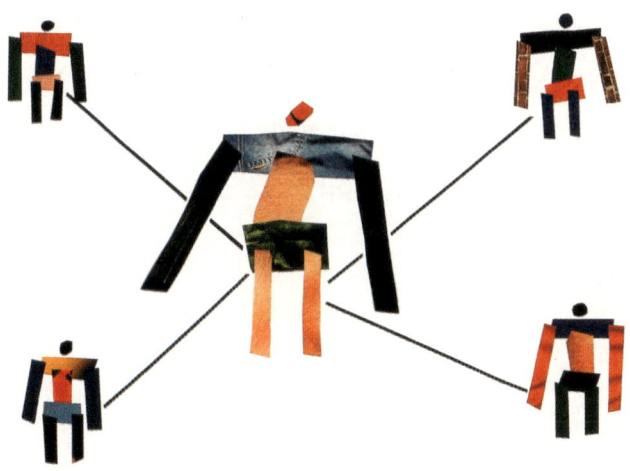

말하기와 듣기의 기본은 두 가지 모두 상대방에 대한 존중과 배려에 있다. 직장이든 거래처든 모임에서든 우리는 기분 좋게 만드는 사람과 이야기하고 싶어한다. 화제가 풍부하고 정보나 지식을 제공하며 위트와 유머로 웃음을 터뜨리게 하는 사람이 인기가 좋을 수밖에 없고, 타인의 감정에 대해 세심한 배려를 해 주는 사람에게 정이 가게 마련이다.

사람을 대할 때 솔직하고 상대방의 기분을 헤아리며 잘난 척, 있는 척, 유식한 척하지 않고 '유통기간 지난 빵' 같은 화제를 올리지 않고 이야기만 잘 들어 줘도 화술 80점은 된다.

휴먼 네트워킹을 위해 필요한 능력은 높은 인간관계 지능이다. 슈테판 F. 그로스는 그의 저서 〈인간관계 지능 : 사람들을 다루는 재능과 솜씨〉에서 인간관계에도 지능이 있고, 성공한 사람들은 높은 인간관계 지능을 지니고 있다고 밝히고 있다.

따라서 커뮤니케이션 능력과 인간관계 지능을 높이는 노력이 독신에게는 더욱 중요하다. 그 이유는 이 두 가지 능력을 얼마나 갖췄는지에 따라 독신의 행복지수가 달라지기 때문이다. 대화도 안 되고 친구나 인맥이 없는 독신의 삶은 뱃길 끊어진 무인도와 다르지 않다. 그래서 커뮤니케이션 능력 또한 독신이 갖춰야 할 기본 요건인 것이다.

4. 내 인생의 엑스트라들과 잘 지내기

우리는 누구나 자신의 인생에서는 주연이지만, 타인의 영화에는 조연도 되고 엑스트라가 되기도 한다. 주연배우가 연기를 잘해도 엑스트라들의 협조가 없으면 영화를 찍기 어렵다. 또 엑스트라 없는 영화는 단 한 편도 없다.

내 주변의 독신들 중에는 동네 사람들과의 불편한 관계로 이사를 간 경우도 있다. 나의 경우는 독신으로 10년 넘게 살면서 별 어려움 없이 지냈고, 아는 사람이 많으니까 오히려 정서적으로 안정감을 느낀다. 일반적으로 여자가 독신으로 살면 시선이 몰리기 일쑤다. 어떻게 하면 동네 주민들과 원만한 관계를 가질 수 있을까?

이사를 새로 가면 첫 번째로 들르게 되는 곳이 바로 동네 슈퍼이다. 이때 우선은 상냥하게 인사를 먼저 건네는 것이 모양새도 좋고 상대하기도 좋다. 그리고 슈퍼에 다니면서 가끔씩 날씨 등의 부담 없는 화제를 주고받는 것도 사람 사는 정이다.

동네 슈퍼는 동네 방송국이다. 슈퍼 주인과 사이가 안 좋은 주민들은 입방

아의 주연이 될 수밖에 없다. 독신인 경우 슈퍼 스타급이 되는 것은 시간문제다. 아파트의 경비실은 관제탑과도 같다. 명절에 양말 한 켤레라도 포장해서 선물하는 성의표시는 나중에 그 몇 배로 돌아온다. 동네 목욕탕은 동네신문사다. 모든 허물(?)을 벗고 이야기를 나누는 장소이기 때문에 더욱 신경을 써야 한다. 공중장소의 기본 매너는 물론 말투나 태도를 조심하고 인사를 꼭 하는 것이 좋다.

동네 미장원은 동네 잡지사다. 보통 독신녀들은 단골 미장원이 있기 때문에 이용하는 일이 적기는 하다. 하지만 한두 번을 갔는데 부정적인 이미지를 남길 경우 동네 잡지 표지모델 영순위에 바로 올라간다.

사실 밝은 인사성은 인간이 갖춰야 할 기본덕목이다. 인사를 많이 하면 목 운동에도 좋고 호흡기 건강에도 좋으며 이미지 관리는 저절로 된다. 또 환하게 웃는 미소는 나와 상대방을 동시에 기분 좋게 한다. 옛말에도 웃으면 복이 온다고 했다. 어느 개그 작가는 웃을 줄 모르는 사람은 '소치笑癡'라 하여 질병으로 보았다.

우리 동네에 한 독신녀가 있었다. 내가 보기에는 정신과 치료가 시급한 '환자'였다. 그녀는 몇 년 동안 이미 동네 가십거리 단골메뉴였다. 어쩌다 동네 슈퍼에 와서 물건을 사면 바꾸고, 걸핏하면 트집을 잡고 그러면서 외상까지 한다고 했다. 동네 사람들은 그녀가 매일 '시어미 사흘 굶은 얼굴'(슈퍼 주인 아줌마 표현)을 하고 다닌다고 쑥덕거렸다. 그러다 슈퍼 주인과 대판 싸우고 나서는 발길을 끊음과 동시에 동네 사람들과의 상종을 피했다. 목욕탕에 가서는 찬물이 튀었다고 온갖 쌍소리를 하더란다. 소문이 쫘악 퍼진 후 목욕탕도 다른 동네로 다닌다고 들었다. (동네에서는 어떤 놈이 걸릴지 한심하다고 합창을 했다)

내가 대접받고 싶으면 먼저 남을 대접해야 한다. 성격이 팔자를 만든다는 말도 있다. 성격이 나쁘면 대인관계가 좋을 수 없고 어떤 일을 하더라도 성공하기 어렵다. 또 사람들과 감정적으로 부대끼면 누구보다도 자신의 마음이 상하는 법이다. 남에게 욕하고 싸우면서 두 다리 뻗고 자는 사람은 감정마비에 걸린 사람일 것이다. 그 상태야말로 정신이 병든 것이 아닐까?

5. '또라이'들에 대한 처세술

우리는 한 세상을 살아가면서 많은 사람들과 관계를 맺기도 하고 단절되기도 하며, 시간이 흐른 뒤 다시 만나기도 한다. 독신으로 살면서 느끼는 만족도는 그가 어떤 부류의 사람들과 어떤 관계를 맺고 사느냐에 있다고 생각한다. 그런데 살다보면 우리는 복병처럼 나타나는 인간들로 인해 자아가 손상당하여 고통을 겪으며 분노와 불신의 소용돌이에 휘말리게 된다.

여기서 '또라이'라고 표현한 것은 심리학에서 인격장애personality disorder 라고 보는 특성을 가진 사람들이다. 인격장애는 인격구성과 개인의 행동에 심한 장애를 갖고 있는 것을 말하며 임상심리학자인 앨버트 번스타인은 이들을 '감정의 뱀파이어'라고 명명하였다.

주변을 관찰해 보면 '경계성 인격장애'를 가진 사람을 가끔 발견할 수 있다. 그들은 대부분 정서적 불안으로 감정의 기복이 심하고 충동적이며 매사에 불신과 불만이 가득 차 있다.

대인관계가 불안정하기 때문에 처음에는 인간적인 모습으로 접근하여 상대의 마음을 산 다음, (그들은 늘 인간적인 것을 강조하는 공통점이 있다) 어느 순간부터 끊임없이 상대를 귀찮게 하거나 지치게 하면서 자신의 이기적 욕심을 위한 제물로 삼는다. 겉보기에 그들은 멀쩡하게 사회생활 하는 것처럼 보이지만 인격에 금이 간 것은 분명하다.

개인사업을 하는 R씨는 이혼한 지 10년이 되도록 독신이었다. 자신의 태생에 대한(첩의 자식) 것과 외모, 교양에 대한 콤플렉스로 가득 차 있던 그는 사업이 어려우면 주변사람들에게 화풀이를 하면서 상식을 넘어선 행동을 반복했다. 그의 별명이 '개 또라이'였다. 주로 술집여자들과 교제를 하는 동안 쌓여 가는 좌절과 공허감에 점차 충동적으로 변한 그는 친구 하나 없었다. 알던 사람들도 하나 둘씩 떨어져 나갔고, 그후 정신과 치료를 받는다는 소문이 무성했다.

요즘에 널리 쓰이는 EQ가 낮은 경우가 있는데 바로 감정부전증 환자도 그 한 예가 된다. 컴퓨터의 발달로 사이버 공간에 익숙하다 보니 자신과 타인의 정서를 표현하고 평가하는 능력을 상실하고 사실만을 기술할 수 있는 사람들이다.

독신 중에는 코쿤 족으로 혼자 밥 먹고 친구도 없이 누에고치 마냥 둥지를 틀고 사는 사람이 늘었다는 보고가 있다. 사람이 말을 하지 않으면 말을 잃어버리는 것처럼 사람들과 관계를 끊으면 사람을 잃게 되는 것이다. 남에게 해악을 끼치지는 않는 것이 위 두 경우와 구분된다. 오히려 자해적인 경향으로 자살을 시도하는 일이 많다.

독신의 조건은 외로움과 싸우다 상대방을 제대로 관찰하지 못한 채 관계를 맺다 심리적 외상을 입기 쉽다. 그리고 그 상대들은 정서적으로 '걸어다니는 환자' 들인 셈이다. 또라이에 대한 대처법은 먼저 인간에 대한 통찰력을 키우는 일이 첫 번째이며, 그 다음은 감정의 패배자가 되지 않도록 평소에 자신을 단련시키는 것이다.

6. 독신으로 따뜻하고 풍요로운 인간관계를 만드는 노하우

"같은 날개를 가진 새끼리 퍼덕인다"는 말이 있다. 부모와 자식 관계는 선택의 여지가 없지만 친구는 각자의 의지와 선택에 의해 만남을 갖고 관계를 맺기 때문이다. 독신의 만족도에 영향을 미치는 인간관계, 어떻게 만들 수 있나? 20년이 넘는 사회생활을 통해 내린 나의 결론은 이렇다. 가장 중요한 것은 내 자신이 어떤 인간이냐에 따라 만나는 상대가 달라진다는 사실이다. 깡패와 시인이 친구가 되기란 쉽지 않다. 서로 추구하는 인생의 방향과 목적, 가치관, 생활방식이 다르기 때문이다.

따뜻하고 풍요로운 인간관계는 나 자신으로부터 출발한다. 인간성이 풍부하고 사람을 소중하게 여기며, 말 한마디라도 희망과 격려를 주는 사람이 되려고 노력하다 보면 어느새 내 주변에는 사람들이 모이게 된다.

작년 연말에 들은 이야기이다. 어느 C출판사에서 나온 책이 히트를 쳐서 베스트셀러가 되었다. 그 날 다른 회사 H사장이 자기가 한턱 내겠다고 했단다. 기쁜 일이니까 축하해 줘야 한다면서……. 내게 말을 전한 사람이 역시 그 사장님이 멋있지 않느냐고 반문했다. 보통은 "네가 돈 많이 벌었으니 우리에게 한턱 쏴라"고 할 텐데 말이다. 평소에도 그는 사람들 사이에서 두터운 신망을 얻으며 맏형 노릇을 하는 사람이라고 한다.

어떤 사람들은 자기 딴에는 인맥을 만든답시고 초대하지 않은 모임까지 다니는데 별반 소득이 없는 듯 보인다. 만나면 혼자 연설하지, 썰렁한 개그는 골라 하지, 센스는 없지, 제 밥값도 안내지…… 도통했거나 '약'이라도 먹었으면 모를까 누가 상대하고 싶겠는가?

나는 사람들과의 만남을 좋아하는 편에 속한다. 사교적이라는 말도 많이 듣는다. (별명이 '여왕벌', '교주'다) 또한 '사람은 사람 속에서 성장한다'는 것이 내 가치관의 일부이다. 상대방의 감정을 헤아려 주고, 고맙고 감사한 마음을 확실히 표현하며, 좋은 글귀나 유익한 정보라도 들으면 전해 주고 싶고, 사람들을 즐겁게 해 주고 싶은 것이다. (해피 투게더로 늙고 싶으니까) 따뜻하고 풍요로운 인간관계를 만드는 노하우는 따로 없다. 사람들 머릿속에 '기분 좋게 만나고 싶은 사람'으로 입력된다면, 그것이 전부이다.

우리 독신 클럽 멤버 중에 '햇살표'인 친구가 있다. 그녀는 여의도에서 한정식을 경영하는데 친구의 기분이 우울하면 한잔 마시러 오라고 부르면서 몇몇을 초대한다. 사람들의 감정을 늘 살펴주고 따뜻한 말을 건네는 그녀를 볼 때마다 햇살 같은 느낌을 받았다. 얼굴도 예쁜데 마음 씀씀이가 넉넉해 모두들 그녀를 편안해 하고 좋아한다. 열심히 돈 벌고 운동도 하고 친구들을 챙기는 그녀에게서 아름다운 독신녀의 모습을 본다.

제3장

독신의 성공은 시간과 여가관리에 있다

1. 인생은 '일수찍기'가 아니다

"인생에는 두 가지 비극이 있다. 하나는 열정을 잃은 것이요, 또 하나는 열정을 지닌 것이다."

영국의 유명한 철학자 버나드 쇼의 말이다. 열정이 있는 한 인생은 '확실히' 살 이유가 있다. 독신으로 살면서 자신의 인생에 뚜렷한 목표와 계획이 없다면 권태와 고독의 늪에서 허우적거리기가 쉽다.

인생의 목표가 설정되면 몇 년 간의 계획이 세워지고 1년, 6개월, 월, 주간의 시간표가 짜여지기 마련이다. 예를 들어 건강을 위해 헬스클럽에 다니면 하루 최소한 2시간 이상을 투자해야 하기 때문에 그만큼 바쁠 수밖에 없다. 어학공부나 자격증 준비, 전문지식이나 기술 익히기 등도 장기간의 시간과 노력을 요구한다. 시간관리가 절실히 필요한 사람들은 자유업(일명 프리랜서)을 가진 독신들이다. 자칫하면 하루 이틀 이런 식으로 시간을 죽이기가 쉽기 때문이다.

사람은 관성의 동물이라 잠은 잘수록 늘고, 게으름은 피울수록 늘어지기 일쑤다. 독신의 특권 중 영순위가 바로 자유다. 그런데 그 소중한 자유를 방바닥에서 앞뒤로 엑스레이 찍기나 하면서 일수 찍듯 낭비해서는 곤란하지 않을까?

예전에 나는 직장을 그만두고 한 일주일은 날아갈 것만 같은 해방감에 도취되어 '술과 장미'의 나날을 보냈다. 그러다 차츰 불안과 상실감에 빠지면서 행진의 대열에서 나만 낙오자가 된 기분이 들었다. 거기에다 주변에 많은 독신들과 함께 퇴근한 후에 아무런 계획 없이 시간을 죽이며 고독을 합창하는 게 일상사였다. 계획이나 포부가 없으니 늘어진 낡은 테이프 같은 분위기에, 열정이 없으니 연애도 귀찮고, 낙이 없으니 몸이 건강할 리가 없었다. 나는 그렇게 시들어 가는 독신의 삶이 싫었다. 어차피 독신인 상태로 산다면 남편과 자식이 있는 사람들 못지않게 건강하고 돈도 많이 벌고 행복하게 살고 싶었다. 돈을 많이 버는 것은 내 뜻대로 되기 어렵지만 건강을 유지하고 행복을 느끼는 것은 가능한 일이라고 생각했다. 그것은 내가 얼마만큼의 노력을 하느냐에 달려 있기 때문이다. 그 첫 번째가 독신의 시간표 짜기이다.

나는 한 달에 두 번 정도 찜질방에 간다. (주로 밤 11시에 갔다가 새벽에 온다) 그리고 한 달에 한 번은 공연을 보고, 네일 아트숍에 간다. 정기모임은 한 달에 3회 나간다. 일주일에 한 번은 목욕, 요가, 네 번은 헬스를 하고, 한 번은 서점에 들른다. 그리고 매일 TV시청을 2시간 (드라마, 정보, ……) 정도 한다. 독서는 취미나 교양이 아닌 직업적 필요에 의해 일주일에 두 권 정도 본다. 그 외에 한 달에 한 번 정도는 여행을 한다. (아니면 몸살이 나기 때문에……) 또 친목을 위해 일주일에 한 번 정도는 단골술집에 가서 노닥거리기도 하고, 두 달에 한 번은 대형할인점에 장을 보러 간다. 물론 바쁠 때에는 변동이 있기도 하지만 이것이 정기적인 생활시간표인 셈이다.

  내 경험에 의하면 월, 주간, 일일 생활계획표를 짜는 습관이 중요하고 다음으로 시간일기를 쓰는 것이 중요하다. 시간일기를 써 보면 자신의 생활에 대한 체크리스트가 되기 때문이다. 또한 독신여성은 전화통화에 많은 시간을 낭비하지 않는 요령이 필요하다. (어떤 때는 별로 중요하지 않은 이야기로 한 시간씩 통화하고 나서 후회한 적도 있다) 매일 잠자리에서 내일 할 일을 메모해서 거울 앞에 붙여두면 편리하다. 그리고 중요한 것은 누군가 만나자는 연락이 올 때 내 시간을 할애할 만큼 중요한 일인지 단순히 킬링타임 파트너인지 생각해 봐야 한다. 내 인생에서 활화산처럼 불태우고 싶은 불씨를 갖는다면 독신의 시간표 짜기는 저절로 만들어질 것이다.

2. 출퇴근, 점심 후의 자투리 시간 활용법

　직장인의 경우 보통 출퇴근 시간이 하루 1시간 30분에서 2시간 30분 정도 소요된다. 생각해 보면 적지 않은 시간이다. 출근시간을 조금 일찍 서둘러서 러시아워를 피하는 것이 스트레스를 안 받고 시간활용에도 도움이 된다.
　어학 테이프를 듣거나 음악을 감상하는 것이 무난하다. 특별히 좋아하는 곡이 없다면 뇌파 중 알파파를 나오게 하는 기능성 음반이 피로회복에 효과적이다. 기능성 음반은 자연의 소리를 고품위 디지털 녹음한 것으로 여러 주제로 되어 있다.
　그 외에 뉴에이지 음악이나 명상음악도 심신의 안정과 스트레스 해소에 좋다. 나는 개인적으로 엔야의 'Memory of Tree'나 조지 윈스톤의 '사계', 배리어스의 'The Indian Road', 나왕 케촉의 'Rhythem of peace'를 추천하고 싶다. 음악을 들으면서 복식호흡을 하면 이중의 효과를 얻는다고 한다. 특히 독신 여성의 경우는 위장장애가 많은데 복식호흡을 하다보면 자세도 좋아지고 소화도 잘 되는 걸 느끼게 된다.

흔들리는 버스나 붐비는 지하철 안에서의 시간활용은 건강관리가 최고라고 생각한다. 내가 해 본 것 중에 가장 간단하면서도 그 효과가 놀라운 것이 바로 손마사지이다. 오랫동안 위장병에 시달리던 나는 무의식적으로 손을 만지작거리는 습관이 있었는데 요가를 배우다 보니 손의 중요성을 알게 되었다.

손과 발은 인체의 축소판이라는 말처럼 손은 몸의 모든 부분과 연결되어 있다. 먼저 손바닥을 서로 비벼 열을 낸다. 다음은 오른손으로 왼손 손가락을 하나씩 잡아당기고 손가락 안쪽을 차례로 꼭꼭 눌러 준다. 그리고 왼손을 감싸안듯 잡고 오른손 엄지손가락으로 왼손 등을 골고루 눌러준다. 손을 바꿔 같은 순서로 한다. 두 번째는 두 손을 깍지껴서 손바닥이 얼굴을 향하도록 쫙 편다. 세 번째는 양손을 주먹 쥐었다가 쫙 편다. 마지막으로 열 손가락을 45도 각도로 털어 준다. 보통 1시간 되는 점심시간 중 30분 정도는 시간을 활용할 수 있다.

회사 옥상에 가서 소리를 지르거나 가벼운 몸풀기를 하든가 산책을 할 수도 있고, 휴게실이나 자료실에서 경제지나 관련업계의 잡지를 보는 것도 한 방법이다. 신앙인은 성경이나 불경을 한 구절씩 읽고 기도와 명상을 하는 것도 충분히 의미가 있다고 여겨진다. 일주일에 두 번 정도는 근처 서점에 들러 신간서적을 훑어 보는 것도 시간활용의 한 방법이다.

자칫하면 동료들과의 잡담으로 흘려보내기 쉬운 이 시간을 알차게 쓰기 위해 가장 중요한 것은 간단한 목표를 세우는 일이다. 건강을 챙길 것인지 자기계발에 힘쓸 것인지 취미생활에 주력할 것인지 교양을 함양할 것인지 컨셉을 확실히 정해서 매일 30분 정도를 활용한다면 6개월에서 1년 뒤에는 그 결과가 보일 것이다.

직장이 인사동에 있는 후배는 점심시간마다 화랑에 들러 그림을 감상하기 시작하면서 미술에 관심을 갖게 되었다. 그래서 시간만 나면 열심히 전시회를 다녔고 관련서적도 읽었다. 그렇게 몇 년이 지나자 그녀는 어느새 그림에 대해 조예가 깊어졌고, 직접 그리고 싶다는 욕구도 생겨 문화센터 유화반에 등록하였다. 그녀의 말에 의하면 그림에 취미를 갖게 되면서 업무 능률도 올랐다고 한다. 그녀는 그렇게 예전보다 활기찬 인생을 살게 되었다.

속담에 낙숫물이 바위를 뚫는다고 한다. 한가지를 꾸준히 하다보면 하찮게 생각되던 것도 나중에는 큰 힘이 되는 것이다. 시간을 만드는 사람이 될 것인지 시간을 죽이는 사람이 될 것인지에 따라 인생의 성패가 나뉘어지지 않을까?

3. 독신에게 많은 일 중독증(워커홀릭) 조절하기

　인간은 일하기 위해 태어난 것은 아니다. 한때 "세상은 넓고 할 일은 많다"고 외쳤던 재벌기업의 총수는 지금 어떤 모습으로 살고 있는가? 1년 중 3분의 1을 비행기 안에서 지냈던 그의 기업은 망했고 자신은 해외도피자 신세가 되었다.
　내가 보기에 그는 대표적인 일 중독자였던 것 같다. 내 주변에도 40세가 다 될 때까지 사업에만 몰두하다가 갑자기 병원에 실려간 사람도 있고, 주변의 친구들과 만나는 시간이 아깝다고 철옹성을 쌓다 우울증에 걸린 사람도 있다. 어쩌다 이틀만 밤을 새면 벌써 몸은 파김치가 되고 짜증이 심해지는 걸 느낄 수 있다. 그것이 몸의 법칙이다. 그럴 때는 편안한 휴식만이 보약일 뿐이다. 이 세상의 이치는 순리에 있다. 아무리 좋은 것도 지나치면 도리어 해가 되는 것이다.
　누구나 30대에는 일에 대한 의욕과 인생에 대한 포부가 대단하다. 특히나 공부를 많이 하고 일을 많이 하는 것을 인생의 최고 가치로 여겼던 우리 사

회의 관습도 한몫을 하였다. 인간에 대한 많은 정의 가운데 '일하는 인간' 이라는 것은 없다. '놀이하는 인간' (호모 루덴스: 네덜란드의 문화사학자 호이징가가 제창한 개념으로 문화는 유희 속에서 발달한다고 하였다)의 정의가 많은 지지를 받기도 했지만, 그렇다고 인생을 '베짱이' 처럼 살 수는 없다. 중요한 것은 일과 휴식을 포함한 다른 부분들에 대한 적당한 조율에 있는 것이다.

일 중독자들을 가만히 살펴보면 그 사람의 내면적 문제와 관계가 있는 것으로 여겨진다. 자신에게 직면한 고통이나 갈등에서 도피하고자 하는 방편으로 일에 몰두하는가 하면 고독이나 불안에서 벗어나려는 자구책인 경우가 많다. 나도 예전에는 일에 미친 사람이 멋있어 보였고 그렇게 미친 듯이 일이 좋은 적도 있었다. (외로움도 해소하고 돈을 모아야 한다는 강박관념으로)

그런데 아무도 인생에서 가장 중요한 운동인 숨쉬기 즉, 호흡지간이 생사지간인 숨쉬기를 미친 듯이 하는 사람은 없다. 들숨과 날숨을 고르게 하듯 모든 일의 호흡을 가지런히 하는 것의 중요성을 간과하는 것이다.

일 중독증에 빠지지 않으려면 첫째, 자신의 일에 대한 궁극적 목표가 어디에 있는지 돌아봐야 한다. 명예나 부와 같은 외면적 가치는 결코 자신을 지켜주지 못하는 액세서리에 불과하기 때문이다. 둘째, 일을 통한 성취감이나 자아실현의 욕구 이외에도 중요한 의미가 다양하다는 것을 인정해야 할 것이다.

일에 대한 열정도 중요하지만 자신의 몸을 돌보고 마음과 영혼을 살피는 일보다 우선할 수는 없다. 자신의 능력에 맞춘 일의 양, 따뜻한 인간관계의 유지, 적당한 휴식과 취미생활, 긍정적인 사고방식, 이타적인 가치관을 지향한다면 일 중독증은 저절로 조절이 되리라고 본다. 왜냐하면 일에 빠질 시간이 없기 때문이다.

4. 독신의 휴일증후군 극복하기

독신이라면 누구나 경험했거나 경험하는 것이 휴일증후군이다. 주말에 명절, 요즘은 커플데이니 밸런타인데이니 캔디데이니, 블랙데이니……. 그런 '날'이 돌아오면 마음 한구석에 '날(?)'이 설 때도 있었다. 그래서 어느 독신의 '성탄절 기도문'이 독신의 심금을 울리기도 했다.

기도문의 내용은 이렇다. '주여! 이번 크리스마스에는 눈이 펑펑 내리다 폭설로 변하게 하소서. 그래서 이 땅의 도로가 눈에 파묻혀 교통두절이 되게 하옵고, 통신시설도 마비되어 수많은 연인들이 전화는 물론 인터넷, 휴대폰도 안 되고 집 밖을 나설 수 없게 하소서' 아마 많은 연인들은 "마음을 곱게 써야 애인도 생기지"라고 할지 모르겠다. 하지만 언제부턴가 나는 계획을 세워 휴일을 보내게 되었고, 그러다 보니 예전처럼 토요일에는 비나 왔으면 좋겠다는 생각을 버리게 되었다.

나의 경우는 매주 토요일의 일정이 다르고 일요일에는 거의 집에서 청소와 세탁, 밑반찬 만들기로 하루를 보내는 편이다. (직장인도 아닌데 일요일에 외출하기가 번거롭다) 휴일은 말 그대로 쉬는 날이다. 아무 것도 하지 않고 쉴 수도 있고 뭔가를 하는 그 자체가 마음을 쉬게 할 수도 있다. 평소에는 시간 때문에 하지 못한 것을 할 수 있는 때가 휴일이다. 인생에 대해 좀더 적극적인 태도를 갖는다면 휴일증후군은 삽시간에 날아갈 것이다. 내가 보내는 주말의 프로그램은 대략 이렇다.

1) 화랑 순례하기 어릴 때부터 그림을 좋아했기 때문에 관심 있는 화가의 전시를 보러 다닌다. 인사동이 걸어서 5분 거리라 부담도 없고 나간 길에 이곳저곳을 기웃거리며 구경하는 재미가 있다.

2) 영화 보기 친구와 볼 때와는 달리 혼자 볼 때에는 되도록 코믹하고 말랑말랑한 드라마를 선택한다.

3) 공연 관람 가끔씩 뮤지컬이나 발레공연을 보면 일상 속에 쭈그러진 감성들이 기지개를 켜는 느낌이 들고 머리도 기름칠한 것 같다.

4) 대형서점 돌아다니기 서점의 각 코너를 돌아다니면서 신간도 들춰 보고 필요한 것은 사기도 하는데 보통 서너 시간은 훌쩍 간다. 다리가 뻐근할 정도로 운동도 되는 셈이다.

5) 맛집 순례하기 평소에 신문이나 가이드북에 소개된 유명 음식점을 찾아가 먹는다. 혼자서 먹어도 만족하고 또 요리에 대한 감각을 익힐 수 있어 기분전환에 좋다.

6) 브랜드 사우나 가기   평소에는 동네 목욕탕을 가다가 가끔씩 '불가마' '황토' '맥반석' '천연옥' 으로 된 곳을 찾아간다. 얇은 책이나 잡지를 가지고 가서 방으로 된 휴게실에서 배 깔고 읽는 즐거움도 있고 무엇보다 건강과 미용에는 최고의 휴식이 된다.

7) 재래시장에서 장보기   내가 다니는 곳은 광장시장과 남대문인데(두 곳 모두 서울 시내에서 오래되고 큰 시장) 분위기가 다르다. 광장시장은 50대 이상이 주고객이고 남대문 시장은 2,30대가 많은 편이다.

8) 등산하기   등산은 봄에 여러 사람과 함께 북한산으로 다닌다. 맑은 공기를 마시는 상쾌함과 자연의 변화, 일상을 벗어난 해방감 등이 숨가쁜 아스팔트인들에게 쉼표를 찍어 준다.

9) 독서하기   한때는 활자중독증 환자라는 말을 듣기도 했으나 요즘은 좀 치유된 편이다.

10) 기차타기   서른 살에 많이 다녔다. 양평, 춘천, 수원행 기차를 타고 다니며 역 이름 외우기 연습도 하였다.

11) 명상센터 프로그램 참가   경기도 일대의 요가연수원이나 피라밋 명상원의 수련회에 참가한다. 군대식 일정의 수련과 무공해 음식을 먹으며 새로운 사람들과 나누는 대화가 나의 '영성' 을 살찌웠다해도 과언이 아니다.

12) 도서관에서 잡지 열람하기 돈 안 드는 최고의 휴식이자 재충전의 방법이다. (생활비 걱정하던 시절에 주로 다녔다. 겨울에는 집의 난방비도 절감되고 여름에는 피서도 된다) 보통 휴일 아침 10시에 입실하여 점심은 구내식당에서 해결하고 오후 5시 끝날 때까지 있었다. 여성, 영화, 시사경제, 주택정보, 건강, 공연예술 잡지를 탐독하다 보면 시간도 잘 가고 뇌도 무거워진 듯하여 마음이 뿌듯해진다.

13) 대형 쇼핑몰 돌아다니기 보통 두 달에 한 번 간다. 필요한 물건도 사고 새로 나온 상품들을 구경하다 보면 녹슨 머리도 반짝거리게 된다. 그러나 충동구매는 자제해야 할 것이다.

14) 라틴댄스 배우기 그 전에 스포츠 댄스를 배우러 다니다 그만두었다. (남자가 없는 아마조네스 정글이 싫었다. 물론 일이 바빠진 탓도 있지만) 하지만 앞으로 '물' 좋은 학원을 골라 다시 배울 계획이다. 건강과 몸 만들기에는 그만이기 때문이다.

남들 사생활(데이트를 하든 뽀뽀를 하든)에 신경 쓰지 말고 내 자신이 나를 사랑하고 가꿀 때 독신의 휴일은 고문이 아니라 썬파워 충전기가 될 것이다.

5. 독신에게 엔돌핀을 주는 동호회 활동

독신이 기혼자보다 시간적인 여유가 있는 것은 사실이다. 그러나 여가시간을 제대로 관리하지 못한다면 그 시간은 외로움과 절망의 시간이 되기 쉽다. 독신의 동호회 활동은 독신의 만족도와 밀접한 관계가 있다. 또한 독신은 환경의 특성상 이기적이고 자기 중심적인 성격으로 변하기 쉽다. 독신 중에 자폐적 성향을 가진 사람이 의외로 많은 것도 이 때문이다. 독신에게 엔돌핀을 주는 동호회에 대해 여기서는 천리안이나 하이텔, 다음 카페의 동호회와 개인적으로 알고 있는 모임을 소개하고자 한다.

1) 스트레스 해소 및 건강관리에 관심이 있다면 스포츠와 음식 관련 동호회에 가입하면 된다. 최근에 관심이 높은 'X-라이트'는 인라인 하키동호회로 주 2회 모임을 갖는다. 또 '롤키닷컴'은 스키와 스케이트 보드의 재미를 누릴 수 있는 레포츠로 2개의 바퀴가 달린 알루미늄 보드에 올라 스키폴을 이용해 땅을 지치는 데 매주 일요일에 정기모임을 갖는다.

또 남녀 모두에게 적극 권하고 싶은 운동은 요가가 으뜸이다. 요즘은 동네마다 요가교실이 많이 생겼는데 유의할 점은 요가는 다른 운동과 달리 요가지도자의 자질이 중요하다는 것이다. 한국요가지도자연합회나 한국요가연수원에 문의를 하면 정확한 정보를 얻을 수 있다. 미용을 위한 '천연재료상' 동호회는 여드름치료, 삼백초 등 약초 민간요법, 곡물가루 등 팩 재료에 관한 정보교환을 할 수 있다. '식도락동호회' 도 건강과 기분전환에 도움이 된다.

2) 취미활동은 '천리안 동물사랑 동호회', '사물놀이 동호회', '고전음악연구회', '영화 동호회', '그림을 배우자', '기차여행', '독서토론 동호회' 가 있다. 그 외에 '천문동호회' 는 별의 아름다움을 관찰하고 우주의 신비를 공부할 수 있고, '마사모' 는 점성, 타로 등 순수마법을 공부하는 동호회이다.

3) 사회단체 활동은 '참여연대' 와 '환경운동연합회' 를 추천하고 싶다. '참여연대' 는 "정직하고 성실한 사람이 인간다운 삶을 영위할 수 있는 사회를 실현하기 위해 연대의 깃발을 들고자 한다"는 창립취지를 갖고 있다. '환경운동연합회' 는 아시아 지역 최대의 환경단체로 지역환경운동과 시민환경운동을 펼치고 있다. 그 외에 '풀꽃 세상을 위한 모임' 은 자연에 대한 존경심을 회복하기 위해 그 실천으로 '풀꽃상' 을 수여하는 등 풀꽃운동을 전개한다. '생태보전 시민모임' 은 자연생태 보전운동을 펼치기 위한 시민단체로 자연환경 기초조사 및 모니터링, 생태교육을 실시하고 있다.

4) 봉사활동으로 '천리안 수화사랑 동호회'는 수화를 사랑하고 배우고 널리 알리는 모임으로 '더불어 사는 삶'을 추구한다. '나누는 사진'은 무의탁 무연고 노인들의 영정사진을 찍어 드리는 자원봉사 모임이다. '치료 레크레이션 동호회'는 레크레이션을 통해 신체적, 사회적, 정서적으로 한계를 안고 있는 사람들의 기능회복을 돕기 위한 모임이다. 그 외에 '나눔의 모임'은 보육원, 장애시설 방문, 결식아동, 독거노인 후원, 소년소녀 가장 지원 등을 하며, '생명나눔실천회'는 장기기증운동을 위한 단체이다.

5) 영적인 문제와 정신세계에 관심이 있다면 종합 심신수련 전문센터인 '정신세계원'의 모임을 추천하고 싶다. 인도, 티베트, 터키 등의 명상 수련 모임과 강좌가 있는데 능력과 잠재의식 계발로 내면적인 문제나 인간관계, 자신의 성격이나 영적인 갈등을 겪는 사람들에게 많은 도움이 된다고 한다. 보통 일주일에 1, 2회로 진행한다.

내 경험으로는 독신의 동호회 활동은 심신의 건강을 위해서도 필수적이라 생각한다. 특히 후원회나 봉사활동은 자신의 삶을 성찰할 수 있는 좋은 기회가 되기도 한다.

6. 독신이 혼자 있는 시간 즐기는 법

　지난 2월에 경향신문에서 '2030세대 의식조사'라는 기획이 연재되었다. 여가부문 조사에서 (12,300명) 여가생활을 즐기는 데 장애가 되는 것으로 돈(46.5%)과 시간(29.1%)를 꼽았다고 한다. 또한 휴일에 TV시청과 라디오 청취도 하지 않고 마땅히 하는 일이 없다는 응답이 10%나 되었다. 내 생각에 그들은 '방콕'(방에 콕 틀어박힌) 지역의 '엑스레이 족'이 아닌가 싶다. 그들이 앓고 있는 질환은 무기력증, 무관심증, 대인기피증, 만성태만, 뇌다공증(뇌에 구멍이 숭숭 뚫리지 않고서야 그렇게 청춘을 방에서 썩히고 있겠는가?)에 속한다고 추측된다.
　독신으로 잘 살 수 있는 조건 중에 하나가 바로 혼자 있는 시간을 잘 보낼 수 있어야 한다는 것이다. 아니면 키친 드링커(kitchen drinker, 주방에서 홀짝거리며 술 마시는 사람)나 인터넷 중독자나 도박 중독자가 되기 십상이다. 이는 자신의 토지를 황무지로 만드는 지름길이다. 그동안 술에 절은 독신남을 여러 명 보았는데 공통점은 자신들은 약간 마실 뿐(늘 술 냄새를 풍기면서)이라고 착각하며 산다는 것이다.

A씨는 35세 총각으로 연애경험이 전혀 없다고 했다. 볼 때마다 얼굴은 벌겋게 달아올라 있고 술냄새가 진동을 하였다. 동네 슈퍼 주인 이야기로는 저녁마다 술을 사러 오는데 일요일에는 아침부터 외상 술을 달라고 한단다. 평소에는 얌전하다 술만 들어가면 딴 사람이 된다며 불쌍하기도 하다는 것이다. 주인은 말끝에 외로움이 병이라며 여자를 만나면 술병이 고쳐질 거라 했지만 (어떤 정신 나간 여자가 이런 남자를 만나겠는가?) 내가 보기에는 술병이 지병인 듯 보였다.

집에서 오랫동안 TV를 시청하는 것도 문제가 있다. 기氣가 빠질 뿐더러 가치관을 정립하는 데 방해가 되기도 한다. 유익하고 볼 만한 프로가 몇 개 되지 않는 것도 사실이다. 내 친구는 시간이 날 때마다 자기가 옛날에 좋아하던 음악들을 편집하여 테이프로 만든다고 한다. 그야말로 '추억은 방울방울'인데 정서적 안정효과가 있는 것 같았다.

내가 알던 사람 중에 37세의 독신녀가 있었다. 시내 중심가에서 카페(공간도 넓고 식사와 술을 같이 팔았다)를 운영하고 있는데 단골도 많고 단체손님도 받아서 장사가 잘 되는 집이었다. 내 생각에는 그렇게 3년을 했으면 최소한 집 한 채는 살 것 같았다. 나중에 들은 소문으로는 그녀의 별명이 고스톱의 여왕이었는데 고스톱으로 빚까지 지고 일수까지 얻어 쓴다는 것이었다. 게다가 홧김에 먹은 술이 전부 살이 되고 성격까지 괴팍해져서 단골손님이 많이 떨어져 나갔다고 한다. 한마디로 그녀는 인생 고 스톱go stop을 잘못 친 것이다. 따따블에 피박쓴 셈이다.

나는 가끔씩 묵은 앨범을 들추고 학창시절에 읽었던 책들의 먼지를 털면서, 그 당시 내가 꿈꾸던 소망을 떠올리며 현재의 나를 다시 돌아보고는 한다. 또 책상서랍과 보관함을 훌러덩 뒤집어 놓고 하나씩 정리를 하게 되면 내 생활의 현주소가 여실히 드러나는 걸 볼 수 있다. 마음과 생활이 안정될 때에는 서랍 속도 정돈이 되어 있고, 생활이 불규칙하고 방만할 때에는 서랍 속 역시 정신 사납게 엉망진창이 되어 있다.

혼자 있을 때 명상음악을 듣거나 경전공부 (기독교나 천주교는 성경공부) 테이프를 들으면 마음이 차분해지면서 평온함을 느낄 수 있다. 나는 매일 아침저녁으로 초와 향(주로 아로마 향)을 켠다. 초는 나쁜 기운을 없애 준다고 한다.

향은 정화를 뜻하기도 한다. 그래서인지 집에 들어오면 늘 마음이 편하다. 신경이 예민하고 불안한 사람은 자기가 좋아하는 100가지 쓰기를 해 보는 것도 도움이 된다.

7. 독신에게 버팀목이 되어 주는 신앙생활

나의 어머니는 독실한 불자로 어릴 때부터 늘 나를 절에 데리고 다니셨다. 하지만 나는 법당 안에 들어가 절을 하지는 않았다.

고3이 끝날 무렵이었다. 방학이 되고 처음 가출을 하게 되었는데(사건을 이야기하자면 소설 한 권이다) 막상 갈 데가 없었다. (부모님 모두가 이북 실향민으로 남한에 친척은 본 적이 없었다)

집으로 가자니 자존심이 절대 허락을 하지 않았다. 궁리 끝에 간 곳이 강화 보문사였다. (바다를 건너는 기쁨과 이름난 절이라는 이유로) 3일 동안 공짜로 숙식을 하고 절도 올리며 (눈치가 보이니까) 지내다 돌아왔다. 그 사건이 내가 신앙생활을 하게 된 동기가 되었다. (내 어머니가 보문사 신도가 된 이유이기도 하다)

독신의 신앙생활은 제어장치와 버팀목을 함께 가지고 있다. 자칫하면 방황과 태만하기 쉬운 생활 속에서 기도와 묵상과 신앙지침이 안전편이 되기 때문이다. 그런가 하면 지치고 힘들 때 신앙생활은 더 독실해지기 마련이다.

나 역시 괴롭고 힘들 때면 소위 '기도빨'(소원성취가 잘 되는 기도처)이 좋다는 절을 찾아 성지순례를 다닌다.

지금은 기도빨 받으려고 다니기보다는 기도를 하는 순간 내 자신이 부끄럽고 (미운 인간 욕한 것, 성질 급한 것, 싫은 인간 무시한 것 등등) 반성이 되기 때문이다. 그리고 소원하는 일을 기원하면서 스스로 믿음을 갖게 되어 몸과 마음이 가벼워지는 걸 느낀다.

내 주변에 신앙을 갖고 있지 않은 독신친구들도 많다. 평소에는 신앙을 갖고 있는 사람과 별 다를 바 없이 생활한다. 그러나 어렵고 힘든 문제가 생기면 심리적, 정서적으로 훨씬 힘들어 하는 것을 여러 번 보았다. 쉽게 말하면 이 세상에 '내 편'이 하나도 없다는 느낌을 뼈저리게 절감하기 때문이다.

친한 친구, 형제, 선배와의 관계를 넘어서 느끼는 고독감, 절망감을 감당하기가 쉽지 않은 까닭이다. 이때 독신생활의 '매운 맛'을 못 견뎌 결혼한 남녀도 보았다. (급히 먹은 떡이 체한다고 바로 엔딩된 경우도 있다) 그런 면에서 독신에게 있어 신앙생활은 든든한 '빽'(하느님, 예수님, 성모 마리아님, 부처님)이 되어 준다. 그런데 독신남녀 중에는 신앙생활에 지나치게 몰두한 나머지 이성에 대한 관심과 세속적인 욕망까지 끊고 사는 이들도 있다. (이런 타입의 사람들은 성직자의 자질이 우수한 걸까?)

말끝마다 주님, 예수님, 부처님 타령을 하는데 어떤 사람이 좋다고 하겠는가? (나도 신앙생활을 하지만 그런 사람을 보면 머리가 지끈거린다) 그렇게 열렬히 신앙심이 뻗친 나머지 광신자가 된 경우도 보았다. (그녀가 신의 옆자리로 가 있을 때 그녀가 알던 사람들은 모두 그녀의 곁을 떠났다)

논어에 이르기를 '지나침은 미치지 못한 것과 같다'고 하듯 신앙생활에도 중용의 도가 필요하다. 고장난 시계를 찬 것은 시계 안 찬 것과 다를 바 없다. 한편 독신의 신앙생활은 개개인의 영성을 일깨우는 데 큰 힘이 되는 것도 사실이다. 중요한 것은 어떤 종교든 올바른 신앙생활을 하는 것이다.

제4장

독신에게 재테크는 필수다

1. 종자돈을 만드는 저축통장 만들기

'나에게도 저 정도의 여유 돈이 있다면 돈을 잘 벌 수 있을 텐데'라는 아쉬움은 누구나 한번쯤은 느껴 보았을 것이다. 그런데 문제는 그 여유 돈을 어떻게 마련하느냐 하는 것이다. 대부분의 월급쟁이는 "지금의 내 월급 갖고는 생활하기도 빠듯한데……"라는 변명으로 저축을 미룬다. 저축은 쓸 것 다 쓰고 남는 돈으로 하는 것이 아니다. 돈이 돈을 번다.

평일에도 서울 근교에서 유유자적하게 지내는 사람들, 그들의 생활기반은 그들의 노동력이 아니라 자본력이다. 하루종일 직장이나 개인 사업장에서 '팽이' 치며 일하는 것이 아니라 그들이 갖고 있는 (장롱이나 사과박스에 있지 않는) 돈이 시간이 지남에 따라 자연적으로 불어나는 것이다! 물론 투자에는 위험이 따른다. 그러나 목돈을 잘 굴려(재테크) 불어나는 돈은 1년 치 월급을 넘는 수도 있다. 그렇다면 재테크의 종자돈을 만드는 방법은 무엇인가? 바로 저축이다.

자신은 저축을 먼저 하는가 소비를 먼저 하는가를 생각해 보자. 경제학에

서는 현재의 대출에 의한 소비는 미래의 효용(만족)을 미리 쓰는 것이고 저축은 현재의 만족을 희생함으로써 미래의 만족을 증대시키는 행위로 보고 있다. 오늘 베짱이로 살면서 내일은 조금 힘들게 살 건지 아니면 오늘 개미로 살면서 훗날 안정되게 살 것인지는 각자의 선택이다.

그런데 독신의 조건은 선택의 여지가 없다. 준비가 안 된 노년의 시나리오는 이미 짜여져 있다. 껌 파는 할머니나 탑골공원에서 소주잔 드는 신세가 되지 말란 법이 없기 때문이다.

40세의 독신남인 K씨는 별명이 '짠돌이'로 주변의 비아냥을 극복하고 자수성가한 사람이다. 그의 철학은 돈이 생기면 무조건 안 쓰기 작전이었다. 주위사람들에게 얻어먹는 것은 기본이고 피치 못하게 사야 할 경우에는 가장 값싼 것으로 때웠다. 그렇게 한 푼 두 푼 모아 저축하고 새마을금고에 넣고(이자를 조금이라도 더 주는 곳으로), 다시 은행의 수익상품에 넣고 대출 받아 20평짜리 아파트를 샀다. 10년 동안 월급이 많이 올랐지만 그의 소비수준은 여전했다. 그는 돈에 한이 맺혔기 때문에 돈을 쓸 수가 없었던 것이다. 남들이 IMF를 겪고 생난리를 겪을 때도 그는 건재했다. (당근이지!) 그 뒤에 32평 짜리 아파트를 사고 나서야 자가용을 구입했다. 그리고 좋은 양복 한 벌을 큰 맘 먹고 장만하였다. (결혼을 하려면 맞선을 봐야 하기 때문에) '가랑비에 옷 젖는 줄 모른다'고 한다. 이제는 아무도 그를 '짠돌이'라고 부르지 않는다.

종자돈을 만드는 저축의 비결은 복리에 있다. 복리는 단리보다 낮은 이자율에도 불구하고 이자소득은 같은 기간동안 더 높아지게 된다. 즉, 단리는 원금에 대한 이자가 붙는 반면 복리는 원금과 이자의 합에 이자가 붙는 방식으로 돈이 늘어나는 속도가 빠르다. 복리의 특성을 알게 되면 종자돈을 빨리 모으는 데 주력할 수밖에 없다. 따라서 저축은 일찍 시작하면 할수록 좋다.

모으는 기간을 최대한 짧게 하고 굴리는 기간을 길게 하는 것이 금리면이나 운영측면에서 기회가 왔을 때 신속히 대응할 수 있다는 점에서 유리하다. 가까운 은행을 방문해서 저축통장부터 만들고 관리하는 습관을 갖자. 그리고 은행을 카드결제나 로또복권을 사러 가는 곳이 아니라 내 돈을 불려 주는 곳으로 활용하도록 하자.

사람들은 부자가 100원, 200원 따지면 그깟 돈 갖고 치사하게 구냐고 하지만 그렇게 따지면서 살았기 때문에 부자가 될 수 있었던 것이다. 부모님이 이북실향민인 나는 고등학교 때 용돈을 적게 준다고 짜증을 내곤 했었다.
"엄마는 짠지, 아버지는 소금이야!"

하지만 그 덕분에 우리 5형제는 편안히 대학에 대학원에 유학까지 마쳤다. 반면 우리 주위에는 사치와 허영, 호탕함으로 부모와 형제, 자식을 힘들게 하는 사람들을 종종 볼 수 있다. 능력 없는 독신의 소비는 악덕이다.

2. 독신은 경제정보에 안테나를 세워야 한다

독신들은 경제에 대해 얼마나 알고 있는가? 급변하는 경제상황 속에서 자신에게 영향을 주거나 미래에 변수로 작용할 수 있는 경제정보를 가려내고 분석하는 능력은 있는가? 모든 사람들이 경제적인 안정을 추구하는 것은 단순히 배고픔을 면하는 데 있는 것이 아니라 삶의 질적인 면을 높이려는 데 있다.

더군다나 독신으로 사는 현실적인 조건 하에서 가장 중요한 부분은 경제활동일 것이다. 그러니 경제의 흐름을 모르면 성공할 수 없고, 생활에 필요한 정보도 얻을 수 없다. 그러므로 경제기사를 읽는 습관은 독신에게 꼭 필요한 덕목이다.

경제환경에 문제의식을 갖고 경제 관련기사를 읽거나, 인터넷 매체를 통해 노출된 시사경제 정보를 챙기는 습관을 기르는 것은 독신의 경쟁력을 확보하는 중요한 수단이다. 경제기사에는 어느 금융기관의 상품이 높은 수익을 실현하는지, 어떤 업종의 주가가 현재 시장에서 주목받는지, 앞으로는 유망직종이 무엇이며 새로운 틈새에서 준비되는 창업정보는 무엇인지, 좋은 제품을 값싸게 구입하는 방법은 어떤 것이 있는지 등의 정보가 녹아 있다.

아무리 바쁘고 힘든 일상을 사는 사람일지라도 최소한 일주일에 한두 번씩 경제기사의 헤드라인과 서브라인을 읽는 노력을 기울여야 한다.

경제기사를 처음 접한다면 보다 쉽게 내용을 이해하기 위해서 경제용어를 알아야 한다. 최근에 경제현상에서 파생되는 경제용어는 해설기사를 유의하여 읽다 보면 이해하는 데 큰 도움이 된다. 또한 한번 읽은 기사가 어떤 결과를 야기하는지를 스스로 분석해 보는 것이 좋다.

그것은 미래를 예상할 수 있는 감각을 가져다 줄 뿐 아니라 경제기사를 읽는 재미도 더해 준다. 자기가 관심이 있는 분야에 대해서는 스크랩을 해 놓은 다음, 시간이 있을 때 한번씩 다시 훑다 보면 전체에 흐름을 이해하며 직관력을 갖는데 도움을 준다.

경제와 경영학의 문외한이라도 작금에 대두되는 경제용어와 상식수준의 몇 가지 이론들만 이해하고 꾸준히 접하다 보면 어떤 경제기사도 해석할 수 있다. 이런 능력은 다양한 경제 금융정보의 연결고리를 찾아내어 최소비용으로 튼실한 이익을 창출하는 고효율의 경제행위를 할 수 있는 토양이 된다.

그리고 인터넷의 부동산, 주식, 일반경제 상식코너에 접속하여 검색하면 용어와 흐름, 사례 등 풍부한 정보를 얻을 수 있다. 돈 고생을 하지 않고, 많은 돈을 벌고 싶다면 경제를 아는 것이 그 첫걸음이다.

재미있는 사실은 돈에 큰 관심과 욕심이 없는 남녀가 경제력이 좋은 경우는 없다는 것이다. 그 중에는 "돈이 전부가 아니야!"를 힘주어 말하면서 늘 남에게 돈 꾸러 다니는 인간도 꽤 있다.

물론 돈!돈!돈! 한다고 돈을 많이 갖는 것은 분명 아니다. 그리고 돈이 많다고 해서 인생이 고속도로가 되지는 않는다. 하지만 돈 없는 독신, 돈에 관심이 없고 무서워하지 않는 독신의 미래는 채찍과 비명소리가 나지 않는 감옥일 뿐이다.

돈! 경제를 알아야 돈을 번다.

3. 독신이기에 꼭 써야 하는 가계부

　직업을 갖고 경제활동을 하다 보면 많든 적든 수입이 생기고 지출을 하는 소비생활을 하게 된다. 게다가 사회생활은 많은 사람과의 만남과 교류를 요구하며, 모임에서 상호간의 커뮤니케이션을 통해 다양한 이해와 목적을 달성하기 때문에 어떠한 사회활동을 하느냐에 따라 차등 지출을 하게 된다. 따라서 개개인의 소비생활 패턴은 다를 수밖에 없으며, 이것은 독신에게 있어서 매우 중요한 문제가 된다.

　독신이 특화된 소비전략을 갖기 위해서는 먼저 자신의 정보를 축적하여 솔직한 자기진단을 내리는 것이 급선무이다. 따라서 가계부를 써서 자신의 소비성향과 생활정도의 이해가 필요하며 나아가 자신에게 유리하고 합리적인 계획, 효율적인 소비를 이루어 내야 한다. 가계부를 쓰는 일은 곧 생활을 설계하는 일이기 때문이다.

　생활설계는 삶을 안정되게 하며 미래의 불규칙한 돈의 흐름을 예측하고 조정하여 필요한 시기에 필요한 돈을 쓸 수 있도록 미리 계획하게 함으로써 독신의 품위를 보장해 준다. 현재의 소득과 지출을 파악하고 관리 및 계획하는 기초단계인 가계부 작성은 돈을 기반으로 한 구체적인 생활설계가 목표이다.

최근에 사회문제로 부각되고 있는 가계부채 역시 독신에게 예외가 될 수 없다. 가정을 꾸리고 있는 다른 사회구성원과 마찬가지로 독신도 경제적인 불안요소를 가지고 있기 때문이다. 어떤 독신은 부채 즉 빚을 지고 생활하는 것이 일상화되어 있다. 특히 신용카드 사용금의 돌려 막기나 대출금 상환에 고민하는 독신은 지금부터라도 가계부 작성을 시작하라고 진심으로 권유하고 싶다.

가계부를 작성하여 자신의 수입과 지출의 흐름을 파악해야 한다. 마이너스 상태라도 실망하지 말고 지금부터 수입을 늘릴 수 있는 방법을 찾거나 소비를 줄일 수 있는 방향을 모색해야 한다. 또한 만족할 만한 생활설계를 위해 수입과 지출의 균형방안을 연구해야 한다. 분명 가계부를 꼼꼼히 체크해 보면 묘안을 찾을 수 있다. 지속적인 가계부 쓰기를 계속하여 경제균형을 이루었더라도 독신에게는 예측할 수 없는 미래가 있다. 계획에 없는 일이 일어날 것을 대비하여 끊임없이 수정·보완하는 자세가 필요하다.

이러한 가계부 쓰기는 돈에 대한 올바른 가치관을 가져다 주는 동시에 건강하고 만족한 독신생활의 기초작업이라 할 수 있다. 우리가 살고 있는 사회의 구성원은 그 누구도 돈으로부터 자유로울 수 없다. 돈이 인생의 전부가 아니라는 말은 뒤집으면 돈이 중요한 부분이라는 뜻이다. 그렇기 때문에 행복한 독신을 위한 노력 중 제일 먼저 우선되어야 할 일이 가계부 쓰기라 해도 지나치지 않을 것이다.

4. 경제적인 소비도 독신의 능력이다

'내가 쏜다'와 '나중에 나누어 갚으면 되지'라는 생각은 독신이 가장 경계해야 할 소비심리이다. 다른 사람들 앞에서 폼 한번 잡고 며칠 동안 라면으로 때우면 된다는 안일한 자세로는 겪어 본 사람들은 알겠지만 다른 곳의 지출이 줄지도 않을 뿐더러 결국 고스란히 그 부담을 떠 안게 되고 부채만 이월되는 상황을 피하기 어렵다. 그렇다고 한번 거하게 안 사고는 못 배기는 것이 사회생활이다.

견물생심이라고 내 눈앞에 있는 저 물건은 지금 사지 않으면 안 될 것 같은 그리고 꼭 필요할 것 같은 유혹을 쉽게 받는다. 지금 우리는 쏟아져 나오는 광고의 홍수를 넘어 보이지 않는 구매강요의 시대를 살고 있다. 어떤 상품을 보게 되면 그 상품에 생각이 몰입되고 필요할 거라는 착각과 그 소비에 대한 합리화를 하게 되는 것이다. 필요하면 지출해야 하지만 계획에 없던 구매에 대한 충동이 든다면 시간여유를 두고 구매하는 것이 좋다. 기다리다 보면 이 상품이 내가 구매할 정도로 가치가 있는가를 반문하게 되고 그만큼 불

필요한 지출을 줄일 수 있다.

신용카드는 이제 현금 못지 않은 통화가 되어 버렸다. 간과해서는 안 될 것은 현금지출은 미래의 만족을 포기하는 것이지만 신용카드 사용은 현재의 소비를 위해 미래의 수입을 저당 잡히는 행위라는 것이다. 무절제한 사용의 폐단으로 시선은 곱지 않지만 신용카드도 잘만 사용하면 훌륭한 재테크 수단이 될 수 있다. 신용카드를 사용하면 상거래가 투명해지기 때문에 정부가 신용카드 사용액에 대해 소득공제를 해 주기 때문이다. 소득이 없는 경우에는 이러한 혜택을 받을 수 없지만 소득이 있는 사람이라면 연말정산에 이득을 톡톡히 볼 수 있다. 또 신용카드를 사용하게 되면 사용 가맹점에 따라 결제액에 비례하여 포인트가 축적되는 혜택도 받을 수 있다.

신용카드 자체가 나쁜 것은 아니다. 일시적으로 현금이 없는 경우에는 이보다 더 고마운 것이 없기 때문이다. 하지만 지불능력이 되지 않거나 금전관리 능력이 뛰어나지 않다면 신용카드 사용을 권하고 싶지는 않다.

내 주위의 많은 사람들은 소위 말하는 '돌려 막기'의 악순환에서 헤어나지 못하거나 결제일이 다가올 때마다 신경이 날카로워지는 결제일 신드롬에 시달리고 있다. 한 카드의 만기일이 다가오면 다른 카드의 현금서비스를 이용해서 지불하고 카드 숫자가 증가할 때마다 그들은 더욱 바빠지고 예민해진다. 카드회사는 물건판매 수수료로 돈을 버는 것보다 현금서비스 수수료나 소액대출로 더 많은 돈을 번다. 일종의 합법적인 고리대금 장사를 하는 곳이 바로 카드회사인 것이다.

고리대금의 악순환은 이자의 이자를 물게 되어 부채부담이 눈덩이처럼 불어나는 데 있다. 현금서비스의 예를 들어보자. 오늘 신용카드에서 1,000만 원을 연리 18%의 현금서비스로 받았다고 하자. 그렇다면 1년 뒤에 1,180만 원을 갚으면 될까? 물론 그렇지 않다. 그 1,000만 원을 한 달 뒤에 다시 현금서비스로 막는다면 1,015만 원, 그 다음달에 다시 현금서비스로 막으면 1,030만 원, 이런 식으로 열두 달을 버티면 1년 후에는 약 1,196만 원의 빚을 지게 된다. 이렇게 이자비용이 차이가 나는 것은 대부분의 카드회사들이 복리를 적용하기 때문이다. 이러한 이자는 카드회사의 수익에 가장 큰 공헌을 하고 있다. 카드 이자율은 저축금리보다 훨씬 높고 일반은행의 대출금리와 달리 항상 복리다!

한편, 신용카드 사용액을 계속 체크해야 한다. 신용카드 기입장을 만들어서 가계부처럼 쓰는 습관을 가지는 것이 무엇보다 중요하다. 지출내역을 체크해 보면 스스로를 통제할 수 있다. 결제일에 닥쳐서야 충격을 받지 않으려면 항상 스스로 체크하는 습관이 필요하다.

신용카드가 필요하다면 나에게 맞는 하나만 선택해서 사용하는 것이 분실시에도 신속하게 처리할 수 있고 관리가 용이하다. 하나의 카드만 사용하면 카드 사용내역을 일목요연하게 볼 수 있고, 규모 있고 계획성 있는 가계를 설계하기가 쉽다. 또한 집중적인 포인트 적립으로 각종 캐쉬백 서비스나 마일리지를 적립해 현금처럼 쓰거나 상품혜택을 받을 수 있다. 연체만 없다면 우량고객이 빨리 될 수 있고, 많은 결제금액으로 대출시 우대금리를 받고 더 많은 할인 쿠폰 등을 제공받을 수 있다.

한 카드의 집중적 사용은 평점이 높아져 신용한도와 현금서비스의 한도가 올라간다. 대부분의 신용카드 상품개발 담당자들이 한 개나 두 개의 신용카드를 가지고 집중적으로 사용한다는 사실은 이를 잘 뒷받침해 주고 있다.

5. 독신의 씀씀이를 보면 미래가 보인다

한때 소비가 미덕이라는 듯 사람들이 잘 먹고 잘 놀고 신용카드 서명 난에 자기 이름 석 자를 휘갈기던 시절이 있었다. 대형 갈비 집 앞에는 자가용들이 줄을 서고, 월세 집에 살아도 꼭 차는 장만해서 주말이면 서울 탈출에 몸부림을 쳤던 것이다. 돈놀이에 신바람이 난 은행과 카드회사들은 무능력자들에게도 인심을 팍팍 썼다.

그리고 몇 년이 지난 지금 우리 사회는 300만이 넘는 신용불량자를 양산했다. 개인과 기관의 공동 합작이 낳은 결과이다. 현재 150만에 육박하는 30대 독신의 소비성향도 상당히 심각한 상태로 보여진다.

그 사람의 소비성향을 보면 그의 삶이 보인다. 그의 가치관, 생활태도, 성장배경, 성격뿐 아니라 미래의 청사진까지 추측할 수 있다. 독신 중에도 과다소비와 균형이 깨진 소비로 인생이 파탄난 경우를 종종 본다. 그리고 그들을 유심히 관찰해 보면 대개는 정신적인 문제와 관련이 있음을 알 수 있다.

여자들에게 많은 쇼핑 중독증과 명품 중독증은 치료가 필요한 질환으로 정신적인 공허와 불안을 내포하고 있다.

일반적으로 씀씀이가 헤픈 남녀들의 특징을 보면 자신의 소득에 비해 과다지출을 하고, 소비에 대한 개념이 정립되지 않은 경우가 많다. 그들이 보여 주는 공통점은 대략 다음과 같다.

1) 남에게 줄 돈은 나중으로 미룬다. (직원월급, 은행이자, 각종 공과금, 빌린 돈)
2) 소득에 비해 과소비를 한다.
3) 돈 관계가 뿌옇다. (약속 위반은 기본, 거짓말은 밥 먹듯 한다)
4) 살림살이는 '케세라 세라(될 대로 되라)' 이다.
5) 소비성향은 충동적이고 비효율적이다.
6) 남에게 돈 빌리는 일이 생활의 주요 테마이다.
7) 이상하게 한 가지씩 지병을 갖고 있다. (위장장애, 당뇨, 간염, 혈액순환 부족, 변비, ……)
8) 겉으로는 자존심이 강해 보이나 내면은 열등감과 자아불안으로 사람들의 시선에 민감하다.
9) 미래에 대한 대책이 없어 보인다.
10) 마지막 코스로 도박에 목숨을 거는 경우가 대부분이다. (이런 사람들에게 행운의 여신이 손잡아 주는 일은 절대 없다)

35세의 독신녀 L씨는 뚜렷한 직업이 없이 살았다. 한때 연극을 했었다는 말을 듣기는 했지만 별로 신뢰가 안 갔다. 알고 보니 아는 사람들에게 이자놀이를 해서 먹고 살았던 것이다. (그렇게 많은 수입도 아니었다) 살림은 엉망이었지만, 늘 고급 브랜드의 옷과 비싼 장신구를 걸치고 다녔다. 어쩌다 길에서 만나기라도 하면

그녀의 손에는 어김없이 여러 개의 쇼핑백이 들려 있었다. 언젠가는 달러 이자를 줄 테니 500만 원만 빌려 달라는 전화가 왔다. (난 그렇게 수상한 제의는 돈도 없지만 있어도 절대 안 빌려 준다) 어느 날 그녀는 야반도주를 했다. 그리고 그 다음 날 그녀의 집(전세라고 했는데 월세였고, 그것도 석 달치나 밀려 있었다고 한다) 앞에 동네 여자 몇몇이 울분을 터트리고 있었다. 동네 여자들에게 돈 있는 것처럼 행세하며 100, 300, 500, 700만 원씩 빌려 두 달 정도 이자를 주었던 것이다. 그녀는 그렇게 3,000만 원 정도를 꿀꺽하고 그 동네를 뜬 것이다.

이런 사람들의 인생은 빚으로 외로움과 공허감을 메꾸느라 늘 외줄 타는 광대처럼 위태로워 보인다. 남자는 유흥비로 여자는 옷과 장신구 구입에 삶을 저당 잡히다가 범죄나 자살 등으로 엔딩을 한다. 옛말에 "개같이 벌어서 정승같이 쓴다"는 뜻은 땀흘려 번 돈을 쓸 때에는 정승의 삶처럼 고귀하고 값지게 쓰라는 것이다.

한편, 자린고비에 쫌팽이에 왕빈대로 사는 걸 인생철학으로 삼는 독신도 있다. 근검절약이 지나쳐 주위사람들의 머리가 아플 정도인 인간들이다. 그들은 불우했던 성장기를 보낸 탓에 가난에 한이 맺힌 경우가 많다. 그런데 그렇게 피같이 모은 돈을 사기당하는 일도 가끔 생긴다. (높은 이자에 편이 나가서)

그런 걸 '가난 콤플렉스'라고 한다는 말을 들었다. 비싸고 좋은 음식을 먹으면 소화가 안 되고 돈을 쓰는 것에 대한 공포를 말한다. 그들의 미래는 경제적으로 안정될 확률이 높다. 그러나 세상의 모든 가치를 돈으로 환산하는 그 마음 역시 병든 상태라고 생각된다.

TV프로를 보면 그런 남자와 살다 이혼청구소송을 내는 여자들의 얘기가 종종 나온다. 소비공포증도 심각한 질병이다. 중요한 것은 균형감각을 갖는 일이다. 합리적이고 효율적인 소비습관이 독신의 미래를 만드는 밑거름이 되는 것이다. 건전한 소비생활은 독신의 정신건강을 지키는 일이기도 하다. 자신의 미래를 알고 싶다면 자신의 소비생활을 꼼꼼히 체크해 볼 일이다.

6. 독신들이 가장 많이 받는 대출의 종류

인터넷을 접속하다 보면 많은 대출상품 광고들이 요란하게 시선을 끈다. 하지만 막상 대출을 받으려고 하면 쉽지 않은 경우가 많다. 왜 그럴까? 대부분의 사람들은 대출이 필요할 때에만 금융기관의 문을 두드린다. 금융기관에서 요구하는 신용도나 담보에 대한 사전지식 없이 갑자기 대출창구를 찾으면 힘없이 발길을 돌려야 할 때가 많다. 실제로 시중의 한 은행 인터넷 대출의 승인율은 40%를 넘지 못하는 수준이라고 한다.

대출도 준비다. 언제 필요할지 모르는 대출, 조금만 준비하면 의외로 쉽게 대출을 받을 수 있다. 다음은 대출을 쉽게 받기 위해 미리 준비해야 할 사항이다. 본인이 공무원, 상장기업 근로자 또는 고객평점이 높은 우수고객이라면 신용대출 요건이 되어 대출이 비교적 간편하지만 신용이나 담보가 부족하다면 직장의 주거래 은행을 확인한다. 직장과 금융기관과의 거래관계 때문에 대출의 문턱을 쉽게 낮추어 주는 경우도 있다.

주거래 은행을 선택하여 지속적으로 거래한다. 전화요금, 도시가스, 보험료, 전기료 등 공과금 납부, 신용카드 결제, 이동통신 사용료 자동이체, 급여이체 같은 거래가 집중되어 있는 주거래 은행을 이용할 경우 대출을 쉽게 받을 수 있을 뿐 아니라 대출한도를 늘리는 데도 큰 도움이 된다.

은행 또는 보험회사 창구의 직원 또는 책임자와 안면을 익혀 두는 것도 요령이다. 인간적인 신용을 쌓는 일이 대출 의사결정시 도움이 될 수 있다. 큰 금액의 저축상품에 가입하는 것보다 그 금액을 여러 건으로 나누어 거래한다. 유사시 자금의 소요로 저축을 중도 해지할 경우는 물론 대출실적 산출시에도 거래빈도의 확대라는 긍정적인 요소로 작용한다.

같은 조건이라면 대출이 가능한 저축상품에 가입하라. 대출을 신청할 때에는 다음 사항을 반드시 체크한다.

고정금리인지 변동금리인지 확인한다. 확정금리는 대출만기까지 동일한 금리를 적용하는 반면 변동금리는 금융시장의 금리시세에 맞추어 정기적으로 변동된 금리를 적용시키는 방식으로 금리가 오를 경우 이자비용 부담이 증가한다. 대출한도는 신용대출의 경우 직업, 소득, 기존 대출의 유무, 보증인 유무 등이 주요 요소가 되어 평가되는 고객의 신용점수에 따라 결정된다.

담보대출의 경우, 설정되는 담보의 평가액에 따라 대출한도가 결정되며, 근저당 설정과 같은 우선하는 소유권이 없을 경우에 담보물건이 시세가의 60~80% 정도가 대출한도가 된다. 우선 소유권이 있는 담보에 대해서는 이 금액을 뺀 금액이 대출한도 계산을 위한 기초가액이 된다.

대출기간은 1~3년 정도가 가장 일반적이며, 대출기한이 만료되었다고 하더라도 기한연장 또는 대출대환과 대출 재취급이라는 방법으로 계속 대출계좌를 유지할 수 있기 때문에 대출기한이라는 것이 실제 상징적인 의미인 경우가 많다. 중요한 것은 원리금 분할상환이라는 상환방식을 선택했을 경우

대출기간 동안 계속해서 대출원금과 이자를 갚는 것이기 때문에 대출만기가 되면 대출연장이나 대환이라는 개념이 적용되지 않으므로 만기 후 다시 대출신청을 해야 한다.

대출금 상환방식은 크게 이자만 매달 상환하고 원금은 만기일에 상환하는 만기일시 상환방식, 원금과 이자를 매달 같은 금액으로 상환하는 원리금 균등분할 상환방식, 원금은 매달 일정금액 상환하고 이자는 잔여원금에 따라 상환하는 원금 균등분할 상환방식이 있다.

대출의 목적이나 월 상환능력 또는 미래 소득수준 등을 고려하여 상환방식을 선택해야 하지만 주목할 점은 만기일시 상환방식보다는 분할상환 방식이 대출기간 중 부담하게 될 총 이자금액 중 약 40% 가량 저렴하다는 것이다. 대출금의 사용처가 투자목적일 경우 금리 이상의 수익이 예상된다면 당연히 만기일시 상환방식이 낫다.

담보대출은 신용대출에 비해 대체적으로 금리가 낮다는 장점이 있는 대신 담보감정 및 설정에 따르는 부대비용과 절차가 상대적으로 복잡하다는 단점이 있다. 필요한 대출금액이 크지 않고, 자금 필요기간이 단기라면 신용대출을 먼저 고려해야 한다. 때로는 금융기관이 대출상품의 판매고를 높이기 위해 담보설정에 따른 부대비용을 면제해 주기도 하는데, 대출 필요자금이 클 경우에는 수십만 원의 비용절감 효과를 볼 수도 있다.

부동산 담보대출인 경우, 담보부동산에 근저당권이 설정되는데 이에 따른 제반비용을 대출 희망자에게 부담시키는 경우가 대부분이다. 금융기관마다 대출금액 대비 근저당 설정범위 산정 비율이 120~150% 내에서 다르기 때문에 이를 확인해야 한다. 근저당권 설정비율이 커지면 커질수록 이에 해당하는 설정비용도 증가하기 때문이다. 대출취급 수수료나 인지대는 지불해야 하나 점검사항은 중도상환 수수료의 여부이다. 통상 중도상환 수수료는 상환금액의 1% 정도이기 때문에 상환액의 크기에 따라 수십만 원을 절약할 수도 있다.

카드론은 대출금리 외에 취급 수수료를 1~3.5% 가량 내야 하는데 대출기간이 1년에서 3년 이내인 점을 고려하면 실제 대출금리에 추가로 최대 3.5% 가량 더한 금리를 부담하게 된다.

7. 독신의 청약통장 만들기와 아파트 분양에 대한 유리한 점 찾기

아파트를 분양받을 수 있는 청약관련 상품에는 크게 청약저축과 청약부금, 청약예금 3종류가 있다.

먼저 청약저축은 20세 이상 무주택자에게 알맞은 상품이다. 매월 연체없이 2만 원 이상 10만 원 이내에서 자유롭게 불입하고, 2년이 경과하면서 통장잔고가 3백만 원이 넘으면 국민주택과 민간건설 중형 국민주택 1순위 청약권이 주어진다. 일단 납입금액을 형편에 따라 낼 수 있다는 장점이 있으며, 큰 평수는 아니더라도 내 집 장만을 위한 가장 확실한 방법이라고 할 수 있다.

처음 집을 사려는 20세 이상 무주택자에게 집 값의 70% 또는 7,000만 원 내에서 주택구입자금을 대출해 주는 '생애 최초 주택구입자금 제도'를 활용해 보는 것도 좋은 방법이 될 수 있다. 연이율 6.0%에 1년 거치 19년 상환, 3년 거치 17년 상환의 조건을 달고 있기 때문에 부담도 적다.

목돈이 없는 이들은 청약부금에 주목해 보자. 주택청약부금은 전용면적 25.7평(85㎡) 이하의 국민주택이나 민영주택을 신청하기 위한 제도이다. 보통

3년 이상 5년 이하의 계약기간에 월별로 5만 원에서 50만 원을 정기적으로 납입하면 된다. 청약부금은 자신의 능력에 맞게 예금을 불입할 수 있어 사회 초년병들이 집을 살 때 유리한 수단이다. 2년 안에 서울과 부산 지역은 300만 원, 기타 광역시는 250만 원 이상 예치금을 적립해야 주택청약 1순위 자격을 얻게 된다.

청약상품 중 가장 대중적인 청약예금은 큰 평수의 아파트와 재테크를 동시에 노리는 이들에게 유리한 상품이다. 청약부금과 달리 통장을 개설하면서 일정한 금액을 한번에 예치해 어느 정도 기간이 지나면 25.7평 이상의 민영주택, 민간기업이 건설한 중형 국민주택 청약자격을 얻게 된다.

수요자가 원하는 아파트의 위치와 평형에 따라 납입해야 하는 예치금이 크게 달라지며, 분양권 전매에도 유리해서 청약부금을 청약예금으로 바꾸는 사람도 많다. 이와 같은 주택청약 상품은 가입한 순위에 따라 아파트 청약자격을 받게 된다. 정작 1순위가 되어도 가입자들은 주택마련을 위해 풀어야 할 숙제가 많다.

무엇보다 1순위 청약통장 수가 크게 늘어났기 때문에 수도권 아파트들의 청약 당첨확률이 매우 낮다. 또한 1순위로 분양 받았다 하더라도 막상 구입한 아파트의 가치가 떨어지거나 생활에 불편을 준다면 힘들게 분양 받은 보람이 없다. 따라서 관심 있는 아파트의 위치와 교통편, 근처 아파트 분양가격 등을 미리 살펴보고, 과연 투자할 만한 가치가 있는지 냉정하게 판단해야 한다.

8. 독신의 주식투자, 이 점만은 알고 하자

처음 주식투자를 시작하기 전에 자신의 상황을 보다 객관적으로 분석하는 것이 필요하다. 대부분의 금융전문가들은 주식을 처음 시작하는 사람들에게 반드시 여유 돈으로 하라고 충고한다. 아울러 주식에 관한 공부를 하라고 주문한다. 만일 돈만 맡기면 모든 것을 다 알아서 해 준다는 증권사 직원이 있다면 한번쯤 의심해 볼 만하다. 주식은 단순한 게임이나 도박이 아니다. 만 원짜리 물건을 살 때조차도 인터넷에서 가격을 비교하고 세부조건을 꼼꼼히 살펴보는 사람이 그보다 훨씬 비싼 주식이나 부동산을 구입할 때에는 의외로 대담해(?)지는 경우를 종종 본다.

'주식은 잘 몰라도 시장이 상승기니까 돈은 벌겠지'라는 막연한 희망만 갖고 들어갔다가는 뼈아픈 수업료만 내고 나올 수 있다. 세상에 공짜가 없다는 말은 주식투자에서도 예외가 아니다. 주식은 자신이 감당할 수 있는 경제적인 범위 내에서 지식을 쌓고 철저한 자기판단과 자기책임 하에 투자해야 한다.

조금의 여유 돈이 있다면 어떤 주식을 사야 할까? 초보자라면 일반적으로 경영실적이 좋고 재무구조가 건전하고 시장에서 검증받은 기업(소위 블루칩)을 고르는 것이 좋다. 금융시장은 고위험―고수익률의 법칙에 의해 좌우된다.

안전한 기업의 주식은 하락폭이 적어 위험은 적지만 상대적으로 상승폭도 적어 다른 주식들에 비해 낮은 자본 수익률을 가져다 줄 수 있다. 인터넷 주식으로 누가 얼마를 벌었네의 유혹을 과감히 뿌리치자. 일단 블루칩을 통해 공부를 한다고 생각하고 조바심만 내지 않는다면 기회는 충분히 있다.

손실하한과 목표 이익점을 정해 놓고 투자하자. 돈을 잃기 위해 주식을 하는 사람은 아무도 없다. 하지만 주식고수들은 특히 주가가 떨어질 때 손실을 줄이는 손절매의 중요성을 강조한다. 어떤 주식을 주당 만 원에 샀다고 할 때 만천 원에 파는 것도 중요하지만 계속 하락할 것이라는 예상이 들 때에는 미련없이 9천 원에 던지는 냉철함이 필요하다는 것이다. 6천 원까지 떨어졌을 때에는 재투자 여력이 그만큼 감소하기 때문이다. 떨어진 건 만 원의 40%지만, 만 원을 회복하려면 67%의 수익률이 필요하다!

투자에 앞서 3단계 주식투자론 정도는 숙지하자. 기간으로 분류하면 장기―중기―단기이다. 주가라는 것은 다른 상품과 마찬가지로 시장의 힘에 의해 움직인다. 사려는 사람이 늘어나면 주가는 오르고 그 반대면 주가는 내린다.

주식에서 돈을 번다는 것은 매도가가 매수가를 상회할 때이다. 즉 주식을 살 때보다 비싸게 팔면 된다는 것인데 문제는 언제 사고 팔아야 하는가가 관권이다. 주가에 영향을 주는 것은 무엇일까? 일반적으로 주가는 장기적으로 경기에 좌우되고, 중기적으로는 수급에 따라 결정되며, 단기적으로는 재료에 의해 움직인다고 한다.

먼저, 경기는 일정한 사이클을 갖고 있는데, 중요한 점은 주가가 경기순환보다 선행한다는 것이다. 얼마나 선행하는가에 대해서는 전문가들마다 차이가 있지만 대략 6개월 정도로 본다. 실제 경기는 바닥인데도 주가가 계속 상승하는 경우, 앞으로 경기가 회복될 것이라는 기대감과 이를 뒷받침하는 데이터들이 주가에 반영되기 때문일 수 있다.

둘째, 중기적으로는 수급상황을 주시해야 한다. 증시에 유입되는 돈이 유출되는 돈의 양보다 많으면 주가는 상승하게 되며 반대인 경우에는 하락한다. 외국인이 자국의 주가가 올라 한국 증시에 돈을 쏟아 붓게 되면 기관투자자나 개미들이 "이때다" 하고 팔아도 유입량이 많으면 주가는 오르게 되지만 그 반대인 경우에는 하락을 면치 못한다. 이렇듯 주식시장에 미치는 다른 요인들의 변동은 미비한데 돈의 유입량의 증가로 주가가 대세 상승국면에 접어들 때 흔히 이를 유동성장세라고 한다.

마지막은 개별종목의 재료로, 주식투자에 있어 가장 중요한 요소이다. 시장이 아무리 좋아도 울상을 짓는 사람이 있는가 하면 종합주가지수가 떨어져도 웃으면서 저녁을 사겠다는 사람이 있다. 결론은 자기 주식이 올라야 돈을 번다는 것이다. 개별종목의 재료는 두 가지가 있다. 하나는 내재가치이고 다른 하나는 장래성이다. 내재가치를 보려면 재무분석을 해야 하고 장래성을 보려면 성장 가능성이 있는지를 따져 보아야 한다. 회사가 돈을 잘 버는지, 빚진 게 너무 많은 건 아닌지, 돈을 효율적으로 운영하고 있는지(현금흐름), 거래선(고객, 협력업체 등)이 우수한지 등 기본적인 상식선에서 접근을 하다 보면 어렵게 보이던 수치와 비율들이 눈에 들어오고, 그 의미를 이해하다 보면 최소한 기본 소양은 갖추게 된다고 '마바리(얼치기 전문가)'가 아닌 전문가들은 조언한다.

한때 적자 투성이었던 인터넷 주식의 주가가 폭등과 폭락을 했던 것은 주식의 내재가치보다는 불투명한 장래성에만 너무 집착했던 결과이다.

9. 독신이 할 수 있는 부동산 임대사업

　최근에 떠오르는 주택 임대사업은 독신이 소규모 자기자본으로도 시작할 수 있는 눈여겨 볼 만한 투자처이다. 요즘에는 전세금 상승률이 매매가 상승률을 앞지르고 있는 데다 (전세보다 집사기가 쉬워진다) 정부에서도 전세금 안정대책의 하나로 주택을 두 채 이상만 가지면 임대주택 주택사업자로 등록할 수 있게 해 취득세, 양도소득세 등 각종 세제감면 혜택을 주기로 했기 때문이다.
　또한, 임대보증금에 대한 소득세가 면제되고 임대사업자에 대한 대출보증 한도도 2억 원까지 연 5.5%로 인하되었다. 게다가 지속적인 저금리 영향으로 은행금리보다 높은 월세가 보장되는 것은 물론 주택가격 상승으로 인한 수익까지 얻을 수 있어 매력적인 재테크 수단이 아닐 수 없다.
　임대사업을 하려면 2가구 이상 주택을 장만해 해당 시 군 구청 주택과에 등록해야 한다. 이때 매매계약서와 분양계약서, 주민등록초본 등이 필요하다. 전용면적 18평 이하인 주택을 구입해 취득세와 등록세를 감면 받으려면 잔금을 지불하기 전에 사업자등록을 해야 한다. 다음으로 양도소득세를 감면 받기 위해서는 관할 세무서에 일반 사업자 등록절차를 밟는다. 또 임대를 시작한 날부터 3개월 이내에 세무서에 주택임대 신고를 해야 한다. 임대신고는 사업자 거주지나 해당 주택 소재지의 세무서 중 한 곳에 하면 된다.

어느 지역의 주택이 좋을까? 전세금이 매매가의 60% 이상인 아파트나 아직까지 바닥세를 벗어나지 못하고 있는 다가구나 다세대주택이 유망하다. 아파트는 단지 규모가 1,000가구 이상이면서 지하철역과 가까운 역세권 아파트가 투자 1순위다.

1) 소형주택이 유리하다

특히, 전용면적 18평 이하인 소형 신축주택이나 미분양주택을 매입하는 게 유리하다. 취득등록세의 경우 전용 18평 이하, 신축주택 2채 이상의 조건을 모두 충족시켜야 감면혜택이 주어진다.

면제 폭은 100%이며, 기존의 주택이나 전용면적 18평 이상인 주택에 대해서는 혜택이 없다. 특히 분양권 매입을 통해 집을 장만하였을 때에도 취득등록세가 감면되지 않는다. 반면 양도소득세는 분양권 전매로 집을 구입해도 감면혜택이 있으며, 기존 주택을 구입해도 된다. 전용면적 25.7평 이하인 주택을 신축주택은 2채, 기존 주택은 5채 이상 구입해 5년 임대 후에 팔면 양도소득세 전액이 면제된다.

이렇듯 임대사업의 취득세, 등록세, 양도소득세 등 세제혜택은 전용면적 18평 이하에 집중되어 있고 임차수요도 중소형에 많다. 게다가 현재 중소형 아파트는 공급부족으로 2~3년 간 추가가격 상승이 예상되고 기존 소형 아파트도 재건축으로 계속 줄어드는 추세를 보이고 있어 주택 임대사업의 투자수익률이 높아질 가능성은 점차 커지고 있다.

2) 수요가 많은 곳을 찾아라

전철 역세권이나 공단, 학교 주변 등 전·월세 수요가 많은 곳을 찾아야 임대료가 높고 임대 또한 잘 된다.

3) 발전가능성이 높은 곳을 찾아라

현재 임대료를 조금 받더라도 지하철이 생기거나 지역이 발전해 아파트 가격이 상승하면 투자수익이 높아진다.

임대주택사업을 할 때 주의할 점은 증권투자처럼 여유 돈으로 해야 한다는 사실이다. 비싼 은행돈을 빌려서 사업을 시작했다가는 은행이자조차 건지기 어려울 수도 있고, 매입가와 전세가 간에 차이가 심할 때 집값이 오르지 않으면 은행이자만 까먹을 수 있기 때문이다. 따라서 기왕이면 시세에 대한 전세 값 비율이 높은 곳을 고르는 게 임대사업에서 성공할 수 있는 중요한 요소가 된다.

제5장

독신의 키워드, 사랑과 섹스

A. 독신의 사랑, 준비와 연습이 필요하다

1. 남들은 잘하는 연애, 왜 나만 안 될까?

주변의 독신 남녀들 중에는 이렇다 할 연애사건 한번 못 일으키고 시나브로 늙어 가는 사람들이 있다. 그렇다고 그들의 꿈이 독야청청 저 푸른 소나무가 되는 것은 결코 아니다. 대형사고 없이(데이트는 가뭄에 콩 나듯) 사는 그들의 삶 또한 평화롭고 행복해 보이지 않는다.

사람은 누구나 사랑 받고 사랑하면서 살기를 바란다. 그러한 사랑찾기의 과정이 바로 연애라고 할 수 있다. 그런데 이 타인과 눈 맞추기가 유독 힘든 사람들은 도대체 왜 그런 걸까? 여러 남녀를 관찰하면서 그들에게는 몇 가지 공통점과 유형이 있다는 사실을 알게 되었다.

첫 번째, 지적이고 자기애가 강한 것이 걸림돌이 되는 경우이다. 이 유형은 커리어 우먼들에게 특히 많은데 방어의식이 지나치게 발달하여 자아가 손상될 것을 염려하기 때문이다. 겉으로 보기에는 독립적인 성향이 강하지만 감정적으로는 유아적이고 보호받고 싶은 욕구를 갖고 있다. 그러면서도 한편으로 무의식 속에서 나날이 성벽을 튼튼하게 쌓고 있다. 그러나 느낌의 동물인 사람은 이야기를 나누다 보면 누구라도 단번에 그 '벽'을 감지하기 마련이다. 요즘 어느 간 큰 남자가 그 성벽을 오르려 하겠는가? (그럴 기운과 정성이 없다)

두 번째, 상대에게 지나치게 부담을 주는 경우이다. 그들의 내면에는 상대의 능력을 통한 보상심리가 있는 것으로 보여진다. 이렇게 괜찮은 남자가 나에게 특별대우를 한다는 만족감을 갖고 싶은 것이다. 대학동창의 경험담을 빌리자면 다음과 같은 식이다. "오늘 내 동생 생일인데 케이크라도 사 줘!", "내 친구 집들이 가는데 자기가 근사한 것을 사 와야 돼!" 등등 본인도 아니고 꼭 변방인(그 친구 표현)들까지 챙겨 달라는 데 나중에는 밥맛이 뚝 떨어져 "잘 가!" 했다고 한다.

세 번째, 계산기를 잘 두드리는 타입이다. 이것저것 항목별(외모, 학력, 출신지, 교양, 경제력, 성격, 집안, ……)로 조목조목 따지다 보니 함부로 눈을 맞추기 싫은 것이다. 계산기가 고장날 때쯤이면 호시절은 물 건너간 지 오래되고 자신의 몸값은 하강곡선으로 곤두박질하기 바쁘다. (그렇게 50살까지 살다 병사한 경우도 보았다)

네 번째, "이것만은 안 돼요" 타입이다. 한마디로 몸을 무기로 쓰는 게 지나쳐 기회를 놓치는 케이스이다. 보통 연애 초기(탐색기)에 '원초적 본능'이 발달한 남자들이 몸살을 하면 (엄살과 유혹에 간청까지 곁들여) 여자들은 "안 돼요~(돼요~ 돼요!)"를 거쳐 연애 2라운드로 접어든다. (사랑 굳히기 기간) 그런데 눈도 맞추고 키스도 하고 애무까지 해 놓고 (남자는 시작인데) 끝! 이라며 발딱 일어선다는 것이다. 한마디로 연애 부적응자인 셈이다.

다섯 번째, 당근을 먹이는 그레코로만형의 타입이다. 상대에게 헌신적으로 잘하는 한편 숨통을 조이는 스타일의 소유자들이다. 사랑이 관심을 지나쳐 끊임없이 간섭하고 체크하고 "놀아 줘!"를 외치는 그녀(그)를 보면 바람처럼 사라지고 싶은 것이 사람 심리이다. '사랑의 전도사'인(연애학의 권위자) K씨의 말에 의하면 동양화의 매력은 여백의 미에 있는데, 3류 작가는 공간을 꽉 채우려는 강박증을 갖고 있다고 한다. 즉, 내면의 세계가 황량하고 자신이 없기 때문이라는 것이다.

여섯 번째, 소극적이고 무기력증에 빠진 타입이다. 남자의 경우, 축구경기에서 골대 근처에서 슬라이딩하기 일쑤거나 자기 앞의 볼도 어시스트하다 땡 치는 스타일이다. 이들의 공통점은 인컴 콤플렉스income complex로 경제력에 대한 위축감과 집안 콤플렉스(불화, 복잡한 가족사, 콩가루 패밀리,……)가 잠재되어 있다는 것이다.

　　35세의 E씨는 출판사에 근무하는 독신녀이다. 평범한 외모에 여성적인 성격의 그녀는 남자에 대한 관심은 많지만 연애경험이 전혀 없다. 밥을 지어 먹는 것도 귀찮아 라면으로 때우거나 외식할 때가 많다. 그녀의 주변에는 독신남이 많지만 그녀에게 '작업' 하는 남자는 하나도 없다. 그녀는 여자들과 어울리는 것이 훨씬 편하다고 한다. (독신으로 가는 기본 코스임) 그렇다고 독신주의자는 결코 아니라는 것이 그녀의 말이다. 내가 보기에 그녀는 주변 남자들을 관찰하면서 결혼에 대한 체크리스트가 쓸데없이 많아진 듯했다.

39세의 독신남인 P씨는 자유기고가이다. 겉보기에 준수한 외모와 지적인 대화, 넘치는 매너를 겸비한 그는 여자들의 호감을 사기에 충분해 보였다. 하지만 그럼에도 불구하고 그는 한번도 연애를 못했다고 한다. 그러나 얼마 뒤 그와 한두 번 만난 여자들이 그를 피곤한 남자라고 말한다는 사실을 알게 되었다. 대인 기피증이 있는 그는 극장이나 사람 많은 곳에는 가기를 싫어하고 까다롭고 이기적이라 정이 안 간다는 것이다. 후배 말로는 데이트 비용을 더치페이로 하는데 밥 먹은 게 체하는 것 같더란다. 게다가 은근히 여자의 수입에 관심을 쏟는 느낌도 받았다고 한다. 그런 그를 보며 '연애하기 속성코스'의 수강생 후보라는 생각이 든 것은 비단 혼자만의 생각이 아닐 것이다.

연애의 도화선은 열정이다. 그런데 감정의 전선이 엉켜 있는 이들은 그 열정 대신 건조함만이 가을 낙엽처럼 바스락거린다. 누가 그들에게 감로수가 되어 주겠는가? 마음의 빗장을 풀고 문을 활짝 여는 용기야말로 사랑의 준비작업이라 생각한다.

2. 연애는 초기가 중요하다

　영화는 전반부 10분만 보면 그 영화가 누구의 무엇에 관한 어떤 이야기인지 알 수 있다. 보통 주인공의 당면문제나 갈등에서 시작하여 전개와 위기, 클라이맥스를 거쳐 대단원으로 끝이 난다. 로맨틱 코미디는 거의 해피엔딩이고, 멜로물은 가슴 아픈 이별, 공포 사이코물은 살인과 비극으로 끝이 나는 게 일반적인 공식이다.
　현실 속에서도 마찬가지다. 상대의 문제점은 연애 초기에 분명히 나타난다. 하지만 대부분 그것을 무시하거나 회피하려는 경향이 있다. 눈에 콩깍지가 씌워진 탓도 있지만 (상대는 내 눈에 꿀까지 발라 준다) 로맨틱 영화의 주인공인 자신과 상대 배우의 기분을 사소한 것으로 (절대 사소하지 않다) 망치고 싶지 않기 때문이다.
　연애하면서 시시콜콜 엄마에게 보고하는 남자를 효자로 착각한 여자, 수입에 비해 돈을 펑펑 쓰는 남자를 자신을 사랑하는 능력남으로 오해한 여자, 사치와 허영심을 여자의 특권으로 인정한 남자, 소유욕과 편집증을 자신에 대한 지고지순한 사랑으로 오인한 남자 등등……. 그들은 로맨스를 찍다 액션(?)과 공포 장면도 찍고 나중에는 TV프로, '사랑과 이별'의 주연까지 맡는다. 일반적으로 연애 초기에 걸렸다가 면역이 되는 '아바타' 증후군 증상이 있다.

아바타는 고대 인도에서 땅으로 내려온 신의 화신(분신)을 일컫는 말이었으나, 최근에는 사이버 공간에서 나의 분신이 되는 애니메이션 캐릭터를 말한다. 익명으로 활동하는 넷 사용자들의 자기표현 욕구를 충족시키는 아이콘이 바로 아바타로 즉, '되고 싶은 나'를 나타내는 것이다.

연애 초기에는 상대에게 잘 보이고 싶은 나머지 자신의 모습에 덧칠도 하고 장식도 하며 조금씩 자신을 부풀리기도 한다. 그것의 상징이 바로 아바타이다. 그래서 연인(초등생)들은 상대의 아바타에 최면이 걸리는 (최면은 거는 사람과 걸리는 사람이 같이 빠진다고 한다) 것이다. 그러다 일정한 시간이 지나면서 최면이 풀리고 서로의 실체를 파악하게 되면서 선택의 갈림길(고스톱) 앞에서 주사위를 던진다.

그때 오가는 멘트가 "내가 아는 너는 이렇지 않았어!" "어쩜 사람이 그렇게 변할 수가 있어요?" 변한 것은 상대가 아니라 내 마음이고 내가 알던 상대는 그(그녀)의 아바타가 아니었을까? 그렇다면 연애 초기에 상대를 제대로 알 수 있는 방법은 과연 없는 걸까? 당사자의 눈에는 보이지 않는다. 사랑의 마법에 걸려 있기 때문이다.

P씨는 48세의 독신남으로 (법적으로) 얼마 전 생을 마감하였다. 유복한 집안의 둘째였던 그는 29세에 선을 보고 6개월 만에 약혼을 했다. (여자의 임신이 중대사유) 그에게는 첫사랑이었던 셈이다. 약혼기간 중에 아이가 태어나자 결혼을 서두

르게 되었다. 그런데 결혼을 일주일 앞두고 그녀가 사라졌다. 그 당시 그녀가 받은 패물과 돈(혼수비용까지 남자 쪽에서 미리 주었다)이 상당했다는 소문이 돌았었다. (사귀던 남자와 미국으로 튀었다고 뒷말이 많았었다) 결국 아이는 친할머니 손에서 자라고 그는 미국행 비행기를 탔다. (해외지사 자원) 10년 만에 한국으로 돌아온 그는 다른 사람이 되어 있었다. 매사에 부정적이고 비관적인 그는 자폐증 환자 같았다. 여자를 사귈 수가 없었던 것이다.

가족과 선배, 친구들은 시속 140Km 이상을 달리느라 정신이 없는 커플 카의 속도를 잠시나마 늦출 수 있는 사람들이다. 내 경험에 의하면 연애의 순간 그들의 이야기에 좀더 귀를 기울여야 한다. 나의 보호 감찰관이었던 그들의 말을 무시한 그 시절 찍은 영화의 내용은 B급 싸이코 드라마와 뱀파이어를 뒤섞어 놓은 호러물이었다.

사실 연애영화를 찍은 엔딩이 멜로물이면 이별의 라스트 씬이 추억으로 가슴속에 영원히 인화되기도 한다. 그러나 B급의 공포나 엽기영화의 기억은 화병(심장병)과 호흡장애, 정서불안, 불면 등으로 그 후유증이 적지 않다. (여자들은 정신과 치료를 받기도 하고 남자는 여성공포증에 시달리기도 한다)

3. 사랑도 전략이 필요하다

몇 년 전 일본의 연구결과가 매스컴과 사람들의 주목을 받은 적이 있었다. 남녀의 사랑은 뇌의 화학반응으로 3년이 지나면 감정이 소멸된다는 것이었다. 요즘은 청춘 남녀가 만나 100일이 되면 백일파티를 하고 200일이 지나면 대체로 1년까지 연인관계가 지속된다고 한다.

바야흐로 연애도 스피드 시대인 것이다. 사랑의 전도사를 자청하는 K씨의 말에 의하면 연애 1년은 결혼 10년과 동급이라고 한다. 안정된 관계가 슬슬 지겨워지기 시작하면서 팽팽하게 조였던 관계의 나사가 헐거워지는 걸 느낄 때, 그것이 권태기의 첫 징후이다. 그때 남자들이 주로 쓰는 멘트가 몇 가지 있다.

1) 요즘은 나도 나 자신을 모르겠어! (뭘 모르겠다는 건지)
2) 피곤해! (양수리에 드라이브 다니며 덤빌 때는 언제고!)
3) 너무 바빠! (바쁘다고 핸드폰도 꺼 놓냐고!)

4) 머리는 왜 그렇고 옷차림은 또 왜 그래? (제일 좋아하는 스타일이라고 할 때는 언제고!)

그런가 하면 여자는 주로 말보다는 분위기로 권태의 냄새를 풍긴다.

1) 늘 옆자리에 자석처럼 붙던 그녀가 판문점 남북 회담하는 자세가 된다.
2) 코맹맹이 소리가 건조한 톤으로 바뀐다.
3) 갑자기 동창회를 열심히 챙긴다. (초·중·고 …… 나중에는 같은 띠 모임, 직장 동호회 등)
4) 몸이 안 좋다는 이야기를 자주 한다.
5) 내 눈을 맞추며 재잘거리던 그녀, 말이 없어지고 시선이 산만해진다.

이런 증상을 보이면 사랑의 약발이 떨어지는 것으로 접수해야 한다. 그 다음 단계는 전화로 이야기한다. 이쯤 되면 사랑은 저만치 달아나고 있는 중이다. "우리 요즘 많이 피곤한 가 봐!" "서로 시간을 갖고 생각 좀 해 보자!" "당분간 만날 시간이 없을 것 같다" "내가 나중에 편해지면 전화할게!" 옛날 연인들은 예의범절이 있어 한 달이나 두 달이라는 유예기간을 설정하기도 하였지만……. 다행히 쌍방의 마음이 같으면 그것으로 정리의 수순을 밟으면 된다.
그런데 나는 일편단심 민들레인데 상대가 그런 식으로 나오면 어떻게 할 것인가? 물론 고전적인 처방으로는 질투심 유발작전이나 망부석 작전이 유효했으나 지금은 잘 먹히지가 않는다. 어떤 이는 사랑이 시들해졌을 때 일부러 대형사고(?)를 쳐서 상황을 반전시켜 결혼까지 직행하기도 했다. 하지만 사랑은 함정수사를 하듯 낚아 올릴 수 있는 것이 아니다. 일단 서로에 대한 것을 재점검해 보고, 관계회복의 여지가 있을 때 자극요법을 써 보는 것이다.

먼저 평소와 정반대의 헤어스타일과 패션과 말투로 변화를 주는 방법이다. (익숙한 데이트 장소와 프로그램을 개편하는 것이다. 라이브 공연이나 꽃 축제 등 특이한 이벤트에 참가하는 것도 사랑의 물 주기 전략이 될 수 있다) 친구(연애학의 고수)의 말로는 상대에게 귓속말로 터프한 언어를 들려 주면 스트레스가 풀린다면서 의외로 즐거워한단다. 특히 여자들은 사회생활에서 받은 스트레스를 거친 언어로 표현하기가 쉽지 않다는 것이다. 그런 유희가 서로를 밀착시키는 접착제가 될 수도 있다고 한다.

> 35세의 독신녀인 S씨는 2년을 사귄 애인의 태도가 변하는 걸 감지하고 주변인들의 조언을 구했다. 그리고는 여자의 변신은 무죄라는 컨셉으로 리모델링에 착수했다. 평범하고 얌전한 정장 스타일에서 청바지와 가죽잠바로, 묶었던 머리는 해방시킨 김에 파마까지 하고 화장은 예술에 가까웠다. 피곤하다는 타령을 하던 그녀의 애인, 그녀를 보는 눈빛이 다시 촉촉해졌다고 한다.

연애의 깊이는 서로가 공유하는 비밀의 농도와 비례하기 마련이다. 그런 면에서는 그 친구의 말이 설득력이 있게 들리기도 했다. 하지만 무심결에 손길이 닿아도 움찔거릴 정도라면 백약이 무효라 할 수 있다. 나와 주변의 경험에 의하면 연애의 권태기는 일단 기사회생이 어렵고 '마이 웨이'를 선택하기 쉽다. 그러나 노력을 기울이고 전략을 짜서 사랑의 위기를 넘기고 원대복귀하는 경우도 종종 있다.

4. 왕자와 신데렐라가 잘못 만났을 때

'왕자는 절대 왕자병에 걸리지 않는다' 이것이 내가 내린 결론이다. 내가 많은 독신남을 유심히 관찰한 바에 의하면 왕자병을 앓고 있는 남자들에게는 공통점이 있다.

첫 번째, 그들의 이상형이 일치한다는 것이다. 젊고 예쁘고 능력이 있는 여자가 그 대상이다. 물론 그것은 모든 남자의 꿈일 수도 있다. 그러나 문제는 '환자'들의 경우 지나치게 집착을 한다는 것이다. 요즘 남자들 사이에서는 예쁜 여자를 착하다고 하고, 인물이 안 받쳐 주면 성격이 캡이라고 하며, 멋지고 똑똑한 여자는 예쁜데 돈까지 잘 버는 여자라는 말이 유행한다.
하지만 사랑의 마법에 걸리면 상대가 공주로 보이기 시작하여 공주의 충실한 기사 노릇하기 바빠진다. 그런데 '환자'들은 이를 악물고 '공주'를 찾다 세월과 인연을 다 놓치고 만다. 게다가 여자의 수입에는 왜 그리 관심이 많은지?

두 번째, 그들의 연식이 결코 짧지 않으며 (나이가 많은) 경주마처럼 쭉 빠지지도 않고 돈이 억수로 많지도 않다는 점이다. (혹시 '세바스찬 증후군'이 아닐까 의심된다) 진짜 왕자 같은 남자들은 오히려 그런 외적인 조건을 따지지 않는다. 그런데 왕자병 환자들은 부엌데기로 낮은 학력에, 가정환경은 낙제점에(가난한 재혼 가정의 딸), 왕자비 감으로는 부족한 소양과 능력(보고 배운 것이 없으니 할 줄 아는 게 없을 것이다), 못된 계모와 심술궂은 이복언니 밑에서 자란 탓에 꼬인 성격과 12시까지 집에 가야 한다는 중요한 약속도 지키지 못하는 책임감도 없고 신뢰성도 없는(젊고 잘생긴 남자와 춤추고 노는 데 정신이 팔려)…… 신데렐라를 원하지 않는다.

물론 그들 중에는 직업이 '사' 자 그룹(장의사 빼고)이거나 부동산으로 떼

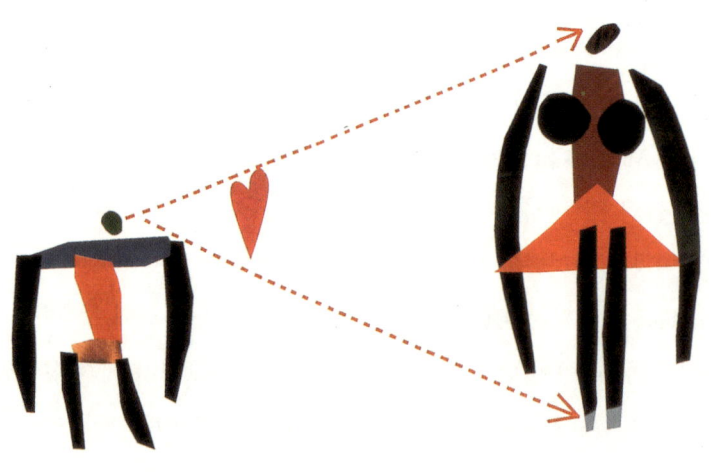

돈을 벌었거나 인물이 빼꼼하거나 하여 한 가지 씩은 카드를 갖고 있다. 하지만 달랑 카드 한 장으로 '공주 찾기'에 배팅하는 것은 과욕임이 분명하다. 요즘 여자들은 그들보다 훨씬 카드놀이에 능숙하기 때문이다.

한편, 여자들이 걸리기 쉬운 질환으로는 '신데렐라 콤플렉스'를 들 수 있다. 증상을 보면 왕자병 환자와 신데렐라병 환자는 일란성 쌍둥이라 할 수 있다. 한마디로 잘 생기고 돈 많고 성격 좋은 남자(왕자)를 목이 빠져라 찾아 보지만 그녀의 눈앞에 보이는 사람은 평민뿐이다. 하루빨리 진흙탕에서 벗어나 레드 카페트 위를 걸어 다니고 싶은 욕심에 시력이 나빠지는 신데렐라 환자, 그녀가 왕자병 환자를 만났을 때 비극의 드라마는 막을 올린다.

> 38세의 독신녀인 L씨는 맞선도 50번 정도 보았고 데이트도 여러 번 해 보았지만 오래 가지는 않았다. 그러는 사이 청춘은 쏜살같이 사라지고 신데렐라병은 깊어만 갔다. (자신의 나이와 주름이 많아진 것은 계산하지 않고) 교사라는 자신의 직업이 거의 유일한 카드였던 그녀가 사랑에 빠지자 주변에서 더 놀랬다. 상대는 조그만 사업체의 사장으로 이혼남이었다. 그의 해박한 지식과 달변, 고급스런 취향, 화끈한 씀씀이, …… 한마디로 왕자처럼 보이는 '환자'였다. 첫 만남 후 한 달 만에 약혼하고 (두 남녀의 얼굴이 꽃동산이었다) 한 달 후에 파혼했다. (훨씬 노련했던 '왕자'가 슬슬 김빼기 작전을 펴면서 서로의 현실을 똑바로 보게 된 것이었다)

이렇듯 왕자병 환자는 그녀를 공주로 착각하고 신데렐라병 환자는 그를 왕자로 착각하면서 한동안은 서로의 만남을 신의 축복이라 여긴다. 그러나 시간의 힘은 그들의 베일을 하나씩 벗겨 내고 염려는 의심과 실망으로 확인되면서 불신과 후유증을 앓기 마련이다. 그리고 경부선의 상행선과 하행선이 스쳐 지나가듯 등을 보이며 각자의 길을 떠날 수밖에 없다.

　나는 개인적으로 그들을 탓하고 싶지는 않다. 왜냐하면 인간은 욕심의 동물이고 좋은 조건의 상대를 만나고 싶은 마음은 누구나 한번씩은 가져 봄직하기 때문이다. 문제는 지나치게 집착하는 데 있다. 게다가 소재 빈곤으로 빈혈상태의 방송에서는 그런 환자들의 병을 키우는 내용을 드라마로 방영하기도 한다.

5. 티코에는 벤츠 부속이 없다

　주변에서 잘 어울리는 커플들을 보면 왠지 모르게 분위기와 이미지가 비슷하다는 느낌을 받는다. 그리고 둘의 관계 또한 대단히 안정되어 보인다. 그 이유는 바로 차종과 부속이 맞기 때문이다. 남녀관계는 자물쇠, 열쇠와 같다. 아무리 비싼 열쇠라도 자물쇠와 맞지 않으면 아무런 소용이 없는 것이다. 명주(실크)와 삼베를 섞어서 옷을 만들 수도 없는 것처럼 이질적인 남녀가 하모니를 이루기는 어렵다. 나를 비롯하여 주변 사람들의 경험을 토대로 본다면 실패(?)에는 대략 몇 가지 원인이 있다.

　첫 번째, 자신의 기종과 부속에 대해 무지했다는 점이다. 자신이 어떤 사람인지를 정확히 파악하지 못한 채, 상대와 상대에 대한 감정을 제대로 살피지 못했던 것이다. 차종도 승용차(티코에서 벤츠, 스포츠카 등등), 용달, 2톤 트럭, 포크레인, 지게차 등이 있으며 그 부속도 다를 수밖에 없다. 생활수준에서부터 성장배경, 가치관, 취향, 문화 등 여러 면에서 큰 편차를 사랑 하나로 극복한다? 솔직히 시행착오를 여러 번 겪은 내 입장에서 그건 아니라고 본다. 사랑을 인내심의 리트머스로 착각해서 고통을 겪고 사는 사람들도 많이 보았다. 그것은 자신의 선택에 대한 책임일 뿐이다.

두 번째, 사랑은 부실한 불량품의 보수공사가 아니라는 것을 몰랐다는 점이다. 두 연인의 기울기 각도가 45도 이상 된다면 분명히 문제발생의 소지가 다분하다. 학벌이 끝내 준다거나, 경제력 혹은 직업만 상당히 좋은 남녀의 연애나 결혼생활이 원만하지 않은 경우를 흔하게 볼 수 있다. 호박에 줄 긋는다고 수박이 되지는 않는다는 게 나의 지론이다. (호박이 못났다는 게 아니라 호박이면서 수박처럼 행세하려는 사람들이 문제라는 뜻이다)

세 번째, 사랑은 상처치유의 땜질용이나 구세군 자선냄비가 아니라는 점이다. 독신남 중에는 연애가 끝나기가 무섭게 다른 사랑을 찾아 헤매는 타입이 있다. 내가 보기에는 일종의 '모유 콤플렉스' 같았다. 혼자 있기를 두려워하고, 끊임없이 자신에게 관심을 보여 줄 여자가 필요한 남자. 자신은 이기적이면서 상대는 엄마 품처럼 따뜻하고 푸근하기를 갈망한다. (요즘 엄마노릇하고 싶은 여자는 눈 씻고 찾아도 없다)

네 번째, 장녀들이 빠지기 쉬운 것으로 사랑을 '도전 차차차!'로 생각하는 것이다. 사랑은 전국 노래자랑이나 사법고시가 절대 아니다. 언젠가는 이 고통의 시절이 지나가고 행복한 시간이 찾아올 거라는 헛된 믿음 속에 계속되는 질곡의 늪에서 허우적대는 여자들, 정말 심각하게 재고해 봐야 한다. (경험자의 절규이다) 사랑의 이중주는 서로 기량이 비슷하고 서로에 대한 배려와 호흡이 맞아야 하모니를 이룰 수 있다. 서로 죽고 못사는 남녀들의 장수비결은 궁합이 찰떡인 것이고, 그 이유는 서로가 잘 맞는 상대이기 때문이다.

    40세의 독신남 Y씨는 비교적 좋은 학벌과 집안 배경으로 50번 째 맞선을 본 여자와 결혼을 했다. 만난 지 한 달 만에 신랑이 되었고, 6개월 후부터 각방을 쓰기 시작했으며, 2년 동안 한 집에서 별거생활을 하고 있다. 외적인 조건으로 볼 때 두루 좋은 점수였던 신부, L씨는 외로움과 2세에 대한 걱정으로 급행열차를 탄 듯했다. 그 커플은 대조적인 성격과 취향, 가치관의 대립 등으로 인해 시간이 지날수록 사이가 벌어졌다. 바로 각자의 부품과 기종 선택을 잘못한 경우이다. 서로가 어떤 인간인지에 대한 파악을 제대로 할 여유를 갖지 못하다 보니까 상대에 대한 이해가 부족할 수밖에 없었던 것이 파경의 한 원인이 되었으리라 추측한다.

외모나 경제력, 학벌, 집안 등 겉으로 드러난 조건에 집착하여 상대를 고르는 남녀는 반드시 비싼 지불비용을 치르기 마련이다. 인생살이는 무임승차가 허용되지 않기 때문이다.

6. 내 또래 여자는 버거워

'오빠 콤플렉스'는 자기와 나이 차가 많은 어린 여자를 유난히 선호하는 남자들의 증후군으로 보여진다. (나의 주관적인 견해) 서양에서는 '로리타 콤플렉스'라 하여 13세의 여자와 계부의 치정관계를 그린 소설에서 유래한 것으로 알려져 있다.

고급 공무원인 P씨는 50세로 요즘 벙어리 냉가슴을 앓고 있다. 어렸던 아내가 (당시 20세) 성숙한 여인으로 변하면서 (올해 36세) 사고가 터지기 시작했다. 두 달 전부터 집안 살림살이가 난리통이 되었고, 아내의 얼굴이 갈수록 달덩이처럼 훤해지면서 귀가 시간이 늦어지고 외박까지 불사한다는 것이다. 여러 가지 정황을 살피면 젊은 남자와 바람 피우고 있는 것이 분명하다고 한다. (주변인들의 목격과 증언에 의하면) 그러나 그의 사회적 신분과 소심한 성격 때문에 그 어떤 강력한 행동도 취하지 못하고 있다.

도대체 남자들은 왜 그렇게 어린 여자에게 집착하는 걸까?

첫 번째, 프로이드의 성 발달론에 나오는 '거세 콤플렉스'와 관계가 있는 듯하다. 남아가 3세가 되면 자신의 성기를 만지작거리며 즐거워하면서도 거세된다는 공포심을 갖는다고 한다. 이 거세 콤플렉스는 정도에 따라 훗날 인격형성과 신경증, 성도착증에 영향을 준다. 현재 사회문제가 되고 있는 원조교제의 구매자인 남자들의 심리 속에 자리잡고 있는 것도 바로 이 오빠 콤플렉스라 보여진다. 말하자면 성숙한 여성들을 상대하기에는 자신의 힘이 부친다는 심리가 다분히 작용하고 있는 것이다. 그들에게 비슷한 또래의 여자는 버겁기 때문에 덜 성숙한 (자기 눈에는) 여자를 찾는 것이 아닐까? 조건이 좋은 남자가 어린 '양'을 찾는 것은 신제품을 좋아하는 소비자와 같고, 별 볼일 없는 남자가 찾는 것은 보상심리와 과시욕에 초점이 맞춰져 있다고 하겠다.

두 번째, 연식이 오래된 독신남이 어린 여자를 선호하는 것은 2세의 출산 때문이라는 견해도 있다. 물론 아이는 젊었을 때 갖는 것이 아이와 엄마의 입장에서 좋기는 하다. 하지만 그것은 지나친 기우이다. 그런 식으로 보면 여자도 늙은 말보다는 젊은 경주마가 2세를 위해서는 더 좋다고 할 수 있지 않을까?

세 번째, "늙은 염소는 여린 풀을 좋아한다"는 속어처럼 또래의 여성에 대해 성적인 두려움을 갖고 있는 것으로 보인다. 이런 '여린 풀 동호회원'들은 40세가 넘은 여자를 여자가 아닌 '사람'으로 간주한다. 하지만 그런 그들 역시 미숙남(숙성되지 않은 포도주 같은 남자)일 뿐이다.

광고기획사를 운영하는 45세의 M씨는 10살 연하인 아내와의 결혼생활이 날로 힘이 든다고 고백한다. 올해로 결혼 8년차인 그는 일주일에 3번은 외식을 하고 일요일은 별미 요리집 탐방, 결혼기념일, 생일, 밸런타인데이 등 한 달에 한두 번씩 무슨 데이를 반드시 챙긴다. 그렇지만 그 어떤 이벤트나 선물에도 고마워하지 않고 당연해 하는 아내를 볼 때마다 자신의 '선택'에 대한 회의를 느낀다고 한다.

몸과 정신이 올곧고 건강한 남자는 여자의 아름다움이 나이에 따라 어떻게 달라지는지를 잘 알고 있다. (40대 미인은 20대 미인이 가질 수 없는 미의 향취를 풍긴다) 한마디로 성숙한 남자는 성숙한 여자를 만나는 법이다.

7. 실연의 아픔보다 더 중요한 회복기

실연은 말 그대로 연애의 끝을 뜻한다. 상대로부터 일방적으로 통고를 받기도 하고 내 쪽에서 보내기도 하며, 서로의 합의를 통해 이별의 수순을 밟는다. 사랑이 깨지는 순간의 파편으로 인한 상처는 모두 똑같다.

실연은 연애의 수술기라 말한다. 수술의 두려움, 고통을 잘 이겨 내야 하고 충분한 회복기를 거쳐 건강한 일상으로 되돌아 올 수 있듯이 실연도 그만큼 회복기가 중요한 것이다. 왜냐하면 이별의 아픔과 상처가 아물지 않은 상태는 심신이 모두 지쳐 있어 냉철한 이성보다는 감성이 지배하는 시기이기 때문이다.

이별의 아픔과 그리움, 분노로 죽음을 꿈꾸지 않은 경우는 드물다. 내가 만약 땅바닥에 주저앉아 있을 때 누군가 나에게 다가온다면 쉽게 손을 내미는 것이 사람의 마음이다. 그 순간에는 그 사람이 훗날 또 다른 나의 '적'이 될지도 모른다는 생각은 꿈에도 못한다.

실연을 한 지 얼마 안 되는 남녀가 빠지기 쉬운 함정이 바로 여기에 있는 것이다. '전임자'에 대한 미움과 실망은 새로운 상대에 대한 열정으로 화학 반응을 일으키고, 새 사람에 대해 무조건적인 프리미엄을 얹어 준다. (일종의 보상심리와 대체효과를 갖기 때문이다) 서로에 대해 잘 알지 못하는 상태에서 진도는 엄청나게 가속도가 붙는다.

그렇게 자신과 상대에 대해 서로가 사랑한다는 것으로 최면을 걸기에 바쁘다. (반면에 주위의 친구들은 그들의 과속운전이 불안해 보인다) 그러다 시간이 흐르면서 컨디션도 회복하고 서로에 대해 많이 알게 되면 성급한 '선택'에 대한 회의와 갈등이 발목을 붙잡게 된다. 그리고 전임자와 비슷한 경로를 거쳐 실연을 맞는 것이다. 이런 과정을 서너 번 겪으면 '연애 중독증'에 걸리고 '플레이 걸', '플레이 보이'라는 별로 명예롭지 않은 별명까지 얻게 된다.

내가 보기에 '노는 남녀'들은 밝힘증 환자라기보다는 '사랑 결핍증'이며, 그들은 단지 혼자라는 공포심을 견디기 어려운 사람들이라는 생각이 든다. 그들에게 회복기는 너무나 지루한 시간이었을 것이다. 그러다 보니 자연스럽게 '사랑의 순례자'가 되었을지도 모른다. 그들에게 과오가 있다면 사랑의 시행착오 주기가 짧고 빈도가 잦다는 것이다. 자기에게 맞는 상대를 찾기 위해 여러 사람과 교제를 하고 연애도 하는 것은 자연의 순리일 수 있다. 단지 그 과정에서 신중한 선택과 결정 대신 순간적인 감정에 치우쳐 똑같은 실수를 반복한다는 데 문제가 있는 것이다.

32세의 늘씬한 미녀인 J씨는 동대문의 대형쇼핑몰에서 옷장사로 돈을 많이 벌었지만 집 한 채도 장만하지 못했다. 외모와 경제력 때문에 그녀 주변에는 늘 '맨'들이 끊이지 않았다. 사귀는 남자마다 그녀에게 이별을 통지하는 것이 이상했다.

(그녀가 차는 게 정상일 텐데……) 알고 보니 그녀는 자신의 조건을 과시하느라 (돈을 물 쓰듯 하면서 남자를 종 부리듯 하고) 남자의 사업자금까지 대 주기도 했다는 것이다. 그녀의 평균 연애기간은 한 시즌(4개월) 정도였고, 회복기는 한 달을 넘지 못했다. 한 미모 덕분에 이별이 무섭게 '맨'들이 달려왔기 때문이다.

실연 후의 회복기, 때로는 6개월이 걸리기도 하고 1, 2년이 걸리기도 한다. 중요한 것은 자신의 내면이 충분한 휴식과 안정을 되찾을 때까지 회복기를 잘 견뎌야 한다는 사실이다.

B. 독신에게 달콤한 사랑의 이중창, 호흡 맞추기 어렵다

1. 사랑과 섹스는 동의어가 아니다

우리의 일상도 경제력에 따라 다르듯 성에 대한 가치관과 의식도 개인에 따라 다르다. 마음에 들면 낯선 상대와 '원 나잇 스탠드'도 가능하다는 여성이 있는가 하면 사랑하지 않는 남자와는 절대 섹스할 수 없다는 이데올로기로 무장된 '순결의 십자군'들도 의외로 많이 있다. (30대 중반 이후 세대가 해당된다)

그녀들의 사랑은 결혼을 담보로 하는 것이고 섹스는 사랑에 대한 동의서인 셈이다. 그러면 사랑과 섹스는 동의어라는 뜻일까? 그렇지 않다, 사랑과 섹스는 관계어일 뿐이다. 섹스는 사랑하는 남녀 사이에 생기는 관계 중 한 부분이며, 본능적이고 충동적이며 자연스런 생리현상이다. (물론 개인에 따라 그 강도와 조절 능력의 차이가 크지만) 한 예로 솔로닷컴www.ssolo.com에 올린 글들을 읽어 보면 얼마나 많은 독신들이 성문제로 고민하고 갈등하고

있는지를 피부로 느끼게 된다.

독신녀들의 이상은 사랑하는 남자와 섹스하고 결혼하는 것이다. (100%는 아니지만) 말하자면 '일타 쓰리피'(고스톱에서 한 번 쳐서 3장을 얻는 경우)를 꿈꾸는 셈이다. 특히 '버진'(동정녀)들은 자신이 다른 여자들보다 프리미엄이 더 붙어 있다고 생각하기도 한다. (20세기에는 분명히 그랬지!) 그래서 걸리기 쉬운 병이 공주병과 난소암(성생활이 전혀 없는 독신녀가 걸리기 쉽다고 한다)이다.

라마르크의 '용불용설use and disuse theory'에 의하면 어떤 동물의 어떤 기관도 오랫동안 사용하지 않고 그대로 두면 약해지고 기능도 쇠퇴한다고 한다. 인간도 예외는 아니라고 본다. 실제로 동정녀들은 스트레스와 히스테리, 우울증, 무력감에 시달리는 경우가 많다. 상실감과 박탈감 등으로 신경이 예민해지니 소화장애나 장의 이상이 오기도 하고 혈액순환이 잘 되지도 않는다고 한다.

30세의 평범한 외모로 독신녀인 S씨는 은행에 다니고 있다. 여자대학을 나온 그녀는 한마디로 정숙표에 '버진'이다. 보수적인 집안의 장녀인 그녀가 맞선을 본 것도 30회를 넘기고 있다. 그 중에는 몇 번 데이트를 하고 난 후 진전은 없고 오히려 상대 쪽에서 뜸을 들이게 되고 그러다 연락이 끊어진다는 것이다. (물론 그녀가 먼저 전화하는 일은 없었다고 한다) 자존심이 상하는 것도 그렇지만 자신에게 문제가 있는 게 아닌가 하는 고민이 더 크다고 하소연을 하였다. 그녀의 데이트에 대한 상세한 이야기를 듣고 나서야 대충 짐작이 갔다. 그녀의 관심은 온통 결혼에만 초점이 맞춰져 있었기 때문에 남자가 손이라도 잡으려 하면 책임져야 한다는 식이었던 것이다. 이야기를 듣는 나 역시도 숨이 턱턱 막혀 왔다. 요즘 그녀는 맞선보기를 폐업하고 신경성 우울증으로 병원에 다니고 있다.

이제 우리는 사랑과 섹스의 관계에 대해 좀 더 쿨cool한 사고방식이 필요할 것 같다. 정신적인 사랑의 집착은 귀신들의 사랑이고, 몸만 갖고 하는 사랑은 푸줏간 사랑이다. 사랑은 사랑이고 섹스는 섹스일 뿐이다. 정신적으로 사랑한다고 섹스의 만족도가 좋은 것은 절대 아닌 것처럼 그 반대도 마찬가지일 것이다.

중요한 것은 사랑을 하든 섹스를 하든 그 선택에 대한 책임을 질 수 있는 능력을 갖춰야 한다는 점이다. 어차피 인생은 각자의 지불내역서가 다르기 때문이다. 자신의 독신생활의 콘텐츠가 풍부하면 에너지 소모량도 많아지기 때문에 성 에너지가 남아돌 여유가 없다. 핵을 잘못 쓰면 원자폭탄이 되고 잘 쓰면 원자력 발전이 되는 것과 같은 이치다.

2. 사랑과 섹스를 구분하는 남자들

　남자와 여자는 사랑과 섹스에 대한 생각이 굉장히 다르다. 어떤 멋진 여자를 보았을 때 남자들은 '꼴린다'는 표현을 하는데, 그 말은 그녀와 섹스하고 싶다는 뜻이다. 그만큼 남자들은 시각적인 것에서 성적 충동을 느낀다. (에로 비디오는 남자들의 성적 욕망을 위한 시청각 자료이다) 반면에 멋진 남자를 보았을 때 여자들은 대체적으로 같이 차를 마시며 이야기를 나누고 싶어 하지 당장 침실로 끌고 가고 싶다는 생각을 하지는 않는다. 그것은 여자에게 성적 충동이 없다는 것이 아니라 여자들은 정서적인 감정을 더 중요하게 생각한다는 의미이다.

　36세의 독신남 L씨는 명문대 출신으로 조그만 무역업을 하였다. 학벌과 경제력이 그의 강점이었다. 어느 날 친구의 소개팅으로 만난 32세의 간호사와 만난 지 한 달만에 섹스를 하였다. 그녀는 전형적인 현모양처 타입이었다고 한다. 몇 번의 성적관계 후 L씨는 그녀에게 이별을 통고했다. 나중에 들은 이야기로는 그가 여자를 만나는 이유는 성욕의 해결이었다는 것이다.

여자는 남자보다 감정의 메커니즘이 복잡하고 예민한 센서가 작동된다. 생리적 구조부터 그렇지만 남자에게는 많은 면죄부가 주어진 데 반해 여자는 상대적인 불이익과 오명을 감수해야 하는 우리 사회의 현실이 안전핀 작용을 하는 것도 사실이다. 남자들의 성욕은 번갯불에 콩 볶아 먹듯 순식간에 일어났다 사라진다. 반면에 여자는 아궁이에 불을 지피듯 불씨를 키우고 뒤적거려야 화력이 살아나는 것과 비슷하다.

그런가 하면 사랑이라는 명제 앞에서 남자들은 의외로 신중하고 조심스러워한다. 남자에게 사랑은 책임의식이 동반하기 때문이 아닐까? 한편 여자는 상대를 사랑한다는 사실을 쉽게 인정하고 (사랑에 대해서는 여자가 더 단순하다) 때로는 맹목적이기도 한다. (섹스를 하고 난 이후에는) 그래서 수시로 그 사랑을 확인하고 싶고 소유하고자 하는 욕구가 남자보다 훨씬 강한 것을 볼 수 있다.

자신이 원하지 않아도 상대와의 사랑을 지키기 위해 섹스를 해 주기도 한다는 여자들의 얘기를 자주 듣는다. 그러나 남자가 자신은 싫어도 애인의 성욕을 위해 섹스를 한다는 이야기는 거의 들은 적이 없다.

여자는 사랑과 섹스를 구분하지 않는다. 그래서 아직도 많은 여자들이 사랑 없는 섹스는 할 수 없다고 깃발을 꽂고 사는 이 땅 한편에서, 스릴과 탐구심을 가지고 여자 헌팅에 눈을 반짝이는 남자들도 또한 함께 살고 있는 것이다.

3. 사랑 때문에 멍드는 인생들

　사랑은 일곱 빛깔 무지개의 스펙트럼을 다 가지고 있다. 빨강처럼 정열적이기도 하고 주황처럼 따뜻하기도 하며, 노랑의 질투와 초록의 평화, 파랑의 차가움, 남색의 우울함, 보라의 신비로움과 분열의 요소가 함께 있는 것이다. 그런데 사랑의 번지수를 잘못 찾으면 '사랑했기에 행복하였네'가 아닌 '사랑 때문에 멍든 내 인생'이 되는 경우가 허다하다. 그리고 그 사랑의 희생양은 대부분이 여자인 것이다.
　남자와 여자의 인생에 대한 테마의식이 다르다는 데 그 원인이 있는 것 같다. 보통의 남자들은 사랑을 인생의 주제로 보지는 않고 부제로 여기는 반면 여자들은 사랑을 주제 삼아 자신의 전부를 거는 경우가 많기 때문이다.
　사람마다 타고난 기질과 성향이 다른데 유난히 외로움을 타는 사람들이 있다. 선천성인 경우도 있고 환경적인 영향을 받은 경우도 있다. 어려서 일찍 부모를 여의거나 화목하지 못한 집안, 고아, 서자와 사생아 출신 등은 사랑의 갈증을 훨씬 더 느낄 수밖에 없다. 그들에게 사랑은 존재의 확인이기도 하고 삶의 지표가 되기도 한다. 그래서 때로는 부나방처럼 사랑의 불길 속에 뛰어들기도 하고 먼 사막을 건너는 낙타처럼 사랑이라는 멍에를 등에 짊어지고 힘겨운 행군을 하기도 한다.

그들은 상대의 조그만 친절에도 쉽게 감동하고 사랑이라는 말 한마디에 정신이 쏙 빠지기도 한다. 다행히 좋은 상대를 만나면 그들의 사랑은 벚꽃 잔치가 되지만 그렇지 않으면 시퍼렇게 멍든 사랑이 된다. 문제는 상대의 번지수를 계속 잘못 찾는 데에 있는 것이다. 그 이유는 그들 대부분이 사랑의 근시안이라는 점이다. 자기가 원하는 것만 눈에 보이고 다른 것은 볼 수 없기에 제대로 된 사랑을 만날 수 없었던 것이다.

사랑은 만병통치약도 아니고 진통제나 소염제도 아니다. 오히려 피로회복제나 종합 비타민제에 가깝다. 몸에 질병이 있는 환자에게는 치료약이 필요한 것처럼 사랑의 결핍증을 갖고 있는 사람들은 영혼의 치유가 먼저인 것이다.

38세의 K녀는 죽은 남편으로부터 꽤 많은 유산을 상속받은 약사이다. 동네에서 조그만 약국을 운영하며 부업으로 돈놀이까지 하여 (동네 사람들의 비난까지 감수하며) 재산을 불려갔다. 그런데 1년만 지나면 도로 아미타불이 되는 것이었다. 사랑하는 남자가 나타나면 생활비에 사업자금까지 아낌없이 자신의 돈을 헌금하는 것이 그녀의 사랑방식이었던 것이다. 몇 년이 지난 지금도 그녀는 여전히 사랑을 목말라 하며 열심히 돈을 모으고 있다고 한다.

사랑이 아킬레스건이 되는 한 계속 잘못된 선택 속에서 멍드는 인생이 될 수밖에 없다. 사랑에 연연해 하지 않고 인생의 다양한 가치를 찾고자 한다면 어느새 사랑은 내 옆에 다가올지도 모른다. 카레이스 같은 사랑, 활화산 같은 사랑은 짜릿하고 화끈하기는 하지만 밤하늘의 불꽃놀이에 그칠 수도 있다. 나도 한때 사랑에 목숨을 건 적이 있었다. 산수를 잘 못한 덕에 조건이나 비전을 따지지 않고 그냥 무조건 상대에게 몰입하기에 바빴던 것이다. (주변 사람들의 걱정은 사랑의 화력을 더욱 강하게 만들고……) 실망과 좌절과 분노의 쓴맛을 다 삼키고 나서야 간신히 그 폭풍 속에서 빠져 나올 수 있었다.

그와의 이별이 나의 장례식이 될 줄 알았던 예상과 달리 지금까지도 잘 살고 있다. (음독소동이나 정신과 치료없이 몇 편의 '호러 단편'까지 찍었으면서도 생의 의욕을 불태우며) 살다보면 내 앞에 어떤 사랑이 다가올지도 모른다. 하지만 그 사랑에 충실하여도 나의 전부를 걸고 싶은 생각은 없다. 그것만이 최선이 아니라는 걸 알기 때문이다.

4. 사랑은 자원봉사가 아니다

구세군의 자선 냄비에 돈을 넣는 행위는 사랑의 한 표현임에 분명하다. 도움을 필요로 하는 이들에게 보내는 마음의 표시인 것이다. 그런데 남녀 간의 사랑은 일방적인 '원 웨이 티켓'이 될 때 해피엔딩을 맞기 어려운 것이 현실이다. (인간에 대한 하느님의 사랑이나 중생에 대한 부처님의 자비로움이 아니라면) 무조건적이고 맹목적인 사랑이 순도 100%가 될지는 몰라도 성숙된 사랑은 아니라고 본다. 그것은 어찌 보면 상대에 대한 진정한 사랑이라기보다 자신의 에고에 대한 집착일 수 있다. 아니면 '사랑하고 있다'는 신념의 속죄양으로 자기학대를 방치하는 것이든가…….

사랑은 서로를 마주보는 것이 아니라 둘이 함께 같은 방향을 보는 것이라는 말이 있다. (등바라기 사랑은 제외하고) 그것은 인생의 중요한 가치관이 비슷하다는 뜻일 것이다. 그렇다면 사랑에 대한 생각과 느낌도 마찬가지가 아닐까?

서로가 진정 사랑한다면 상대를 존중하고 배려하고 상대의 삶을 이해하려는 자세가 기본기인 것이다. 그런데 우리는 종종 주변에서 자신의 자존심과 인격의 훼손을 감수하면서 연인관계를 지속하는 경우를 보게 된다. 내가 보기에 그들은 무수리와 마당쇠 콤플렉스에 결박되어 있다는 느낌이 든다.

내가 아는 사랑은 나의 에고를 죽이되 나의 자존심과 인격이 지켜지면서 나의 삶이 즐겁고 풍성해지는 데 그 의미가 있다고 생각하기 때문이다.

스티븐 코비의 인간관계 유형론에 승·패적 관계라는 것이 있다. 어느 한쪽은 권위적이고 지시적이며 다른 한쪽은 복종적이고 명령을 받는 수동적인 관계를 뜻한다. 이것이 결코 바람직한 인간관계가 아님은 당연하다.

사랑의 관계에서도 윈—윈 관계가 성립되어야 한다. 서로의 삶을 더 풍요롭게 만들어 주는 것이 사랑의 묘약이지 상대의 땀과 눈물을 자양분으로 삼아 자신의 삶만을 꽃피우는 것은 일종의 도둑질과 다를 바 없다. 거기에 '사랑'이라는 간판을 건다면 사기까지 되는 게 아닐까?

37세의 독신녀인 후배가 있다. 성격이 활달하고 상냥하며 용모도 기본 이상이다. 그녀의 한탄에 의하면 자기는 만나는 남자마다 이기적이고 독선적이라는 것이다. 한마디로 그녀는 남자에게 헌신적인 타입이다. 되도록 참고 자기 주장을 내세우지 않으려고 애썼다는 그녀의 전 애인은 500만 원 빌려 간 뒤 소식이 끊어지고 1년 뒤에 나타났다고 했다. 1인분에 5만 원 하는 저녁을 사 주며 고뇌에 찬 표정을 짓고 그가 꺼낸 말은 "이번이 마지막인데 한 300만 원 정도 융통할 수 없을까?"

무수리와 마당쇠들은 자신들이 희생하고 베풀고 있다는 생각에 최면이 걸리기 쉽다. 하지만 그것이 오히려 상대의 못된 버릇을 키우고 상대의 눈과 귀를 막아 영혼까지 어둡게 만든다는 사실을 생각해 봐야 한다. 물론 상대의 희생을 감사로 화답하는 지성인들도 이 사회에서 아직도 많이 배출되고 있기는 하다.

반면 내가 개인적으로 제일 싫어하는 문구가 있다. 박사논문이나 책의 첫 장에 단골메뉴로 등장하는 것들이다.

'이 ○○가 나오기까지 오랜 세월동안 온갖 희생을 아끼지 않은 나의 아내에게 이 △△를 바칩니다'

그 대단한 헌사를 읽을 때마다 내 입에 혓바늘이 돋는 듯한 느낌은 무엇 때문일까? (지고지순한 부부애를 시기하는 독신녀의 놀부 심뽀는 분명 아니다) 중요한 사실은 무수리는 왕자병 환자를 마당쇠는 못된 공주를 만나기 쉽다는 것이다. 남녀 간의 사랑은 같이 나누는 것이지 장기기증처럼 일방적이 되어서는 곤란하다. 바야흐로 사랑도 체질개선이 필요한 때이다.

5. 잘못된 만남은 이별보다 더 두렵다

흔히들 사랑은 잃어버린 반쪽 찾기라고 한다. 나는 살면서 그 의미에 대해 조금씩 공감하기 시작했다. 그리고 언제부터인가 무엇 무엇을 초월한 사랑이니 하는 것에 대한 설레임을 과감히 버렸다. 오히려 나와 상대간의 공약수가 얼마나 많은지를 따지게 되었다. 그것은 외적 조건보다는 뇌와 감정의 회로에 관한 부분들이다. 무엇에 마음이 흔들리고 어떤 것을 중요한 가치로 생각하느냐의 문제인 것이다.

어떤 경우를 잘못된 만남이라 할 수 있을까? 서로가 감정과 사고의 의사소통 즉, 커뮤니케이션에 근본적인 장애가 있는 경우이다. 물론 연애 초기에는 남녀로서 예의와 매너를 갖추고 어느 정도 포장한 상태를 유지하지만 오래지 않아 각자의 모습을 드러내기 마련이다. 하지만 연애에 빠진 남녀는 그 실체를 보려는 노력 대신에 '연애'의 환상에 사로잡히기 십상이다.

누군가 자기를 사랑한다는 사실과 타인을 자기만큼 사랑한다는 감정만이 중요하게 느껴지는 것이다. 만남이 계속되고 시간이 지나면 어렴풋이 알게 된다. 상대와 내가 과연 잘 맞는 파트너인지를……. 그러나 대부분은 갈 데까지 가서야 (고통과 좌절과 방황을 겪고 나서) 이별을 결심한다. 혹은 헤어지자는 이야기를 수없이 반복하면서 몇 년을 끌다 이별하는 경우도 있다.

그런데 내 경험상 잘못된 만남은 되도록 빨리 청산하는 것이 각자의 인생을 낭비하지 않고 상처도 덜 받는 길이라고 이야기하고 싶다. 주변의 많은 사람을 지켜본 바로는 이별을 두려워하는 남녀는 대체로 미성숙한 캐릭터들이다.

그들은 정신적으로 이유(엄마 젖을 떼는)가 덜 된 것이다. 그래서 그들은 상대에게 모든 책임을 지우는 한편 상대가 자신을 떠날지도 모른다는 불안감을 갖는다. 그리고 그 불안감 때문에 상대를 더 구속하고 일거수 일투족을 감시하기도 한다. 그럴수록 상대는 숨이 막히고 점점 더 멀리 달아나고 싶은 것이다.

그들은 상대로부터 이별의 통고를 받는 순간부터 뇌관이 폭발하기 시작한다. 상대에게 버림받았다는 절망감과 분노는 유치한 복수심과 반죽이 되어 난폭해지기 십상이다. 그야말로 걸어 다니는 인간 폭탄인 셈이다. 나도 그런 폭탄을 맞은 적이 있다. 그리고 교훈을 얻었다. 잘못된 만남은 끝내기가 더 중요하다는 사실을.

그런가 하면 사귀던 상대가 스토커로 변하는 경우도 종종 있다. 하루에도 수십 번씩 전화를 걸어 욕설과 협박 세례를 퍼붓고 경찰서에 고소할 지경까지 가면 연애는 물 건너 간 지 오래고 '사건과 비화' 버전이 되는 것이다.

38세의 K녀는 얼마 전 애인과 헤어진 뒤 망신살이 뻗쳤다. 경제력과 미모를 갖춘 그녀에게 늘 콤플렉스와 든든함을 갖고 있던 그녀의 남자는 그녀의 이별통고에

핀이 났다. 그녀 주변의 여자 후배들에게 전화로 그녀의 흉을 보면서 만나자고 했다는 것이다. 나중에 들리는 말로는 그녀와 헤어진 후 옛날에 사귀었던 여자들과 다시 만나고 다닌다고 했다. (대개가 술집여자라고 한다) 우리는 그와 이별을 한 그녀의 결단과 미래를 진심으로 축하해 주었다.

나와 주변 사람들의 경험에 비추어 보면 미성숙 캐릭터들에게는 몇 가지 공통점이 있다. 거의가 성장기에 문제가 있었다는 점이다. (가정불화나 애정결핍 등) 그리고 대인관계가 폐쇄적이며 평소에는 지나치게 자신을 억제하다가 어느 순간에는 난폭해진다는 것이다. (성적으로는 성기능 장애를 가진 남자가 많다고 한다) 또 어떤 여자는 3년을 사귀다 남자가 헤어지자고 하자 음독사건을 일으켰고 남자는 결혼으로 코가 꿰이기도 하였다.

내가 절실히 느낀 것은 잘못된 만남의 끝은 상처가 아니라 징그러운 흉터가 될 수 있다는 점이다. 상처는 아물면서 내 영혼의 무게를 더할지 모르지만 흉터는 볼 때마다 악몽을 되살릴 뿐이다. 누군가와 만나는 것이 중요한 게 아니라 어떤 사람과 만나고 있는지 쌍 라이트를 켤 일이다.

C. 건강한 정신이 건강한 섹스를 만든다

1. '으랏차차 콤플렉스' (일명 변강쇠 신드롬)에 사로잡힌 남자

요즘 잘 되는 병원은 세 과목이다. 젊은 여자들은 성형외과, 중년 여자들은 정신과, 남자들은 비뇨기과를 먹여 살리고 있다. 언제부터인가 신문광고난을 빼곡이 채우고 있는 것도, 도심 간판에 많이 걸린 것도, 사이트가 계속 늘어나는 것도 단연 비뇨기과이다.

자본주의가 발달하면서 남자들이 받는 정신적 스트레스와 음주, 흡연, 매연과 소음 등등 (요즘에는 날로 왕성해지는 여자들의 성욕까지) '남성'을 괴롭히는 요인들은 날로 증가하고 있다. 아마도 이런 저런 이유로 '비뇨기과 전국시대'가 도래한지도 모르겠다.

미셸 푸코는 〈성의 역사〉에서 "남성에게 성이란 자기확인과 자신의 주도권 확립에 필요한 자기의 기술체계"라고 하였다. 이런 점은 '동물의 세계' 류의 프로를 열심히 시청하면 충분히 공감이 간다. 예전에는 남녀의 성관계는

무조건 남자가 주도권을 행사하면서 여성을 얼마나 만족시키느냐에 민감한 반응을 보였다. 그리고 여자는 남자의 자존심을 적당히 세워 주는 선에서 만족한다는 것을 조심스럽게 전달하는 데 급급했던 것도 사실이다. 대신 자신의 성적 욕망이나 표현은 절대 내보일 수가 없었다. (밝히는 여자라는 오명이 두렵고 남자의 체면에 도전하는 것 같아서) 그런데 세상이 바뀌었다.

부부의 성생활이 법정문제로 등장하여 까발려지고 남편의 성적 무능이 이혼의 사유가 되는 현실에 살고 있는 것이다. 그러다 보니 정력과 보신문화에 관해서 역사적 전통을 자랑하는 대한민국에서 '으랏차차 콤플렉스'가 전국구 질병으로 퍼지는 것은 그리 이상한 일이 아니다. 어떤 외국인이 쓴 칼럼에 한국 남자들의 유난한 성기집착은 공중 목욕탕이 그 주범이라고 일침을 가한 적이 있다. (남자들이 자기 여자가 외도하는 걸 절대 못 보는 이유가 비교당하기 싫기 때문이라고 한다)

가끔 종로 5가에 있는 광장시장까지 걸어가다 보면 곳곳에 남자들이 몇 겹으로 빙 둘러 무언가를 구경하는 모습을 볼 수 있다. 어느 날 구경을 좋아하는 성격에 막 비집고 들어가 앞줄에 섰더니 코를 박고 귀를 세우며 설명을 듣던 남자들이 일제히 나에게 눈총을 주는 것이었다. 여자는 나뿐이었다. 정력에 좋다는 백사와 지네 등을 술로 담아 팔고 있었다. 이왕 얼굴 팔린 김에 나도 진지하게 값이 얼마냐고 물어 보고 등을 돌려 나왔다. 아마 젊은 여자가 무지 밝힌다고 보거나 서방이 엄청 부실한 모양이라고 생각하는 것 같았다. (아니 그렇게 좋은 것이면 여자들이 선물해 줘야 되는 것 아닌가?)

비뇨기과 의사 말에 의하면 사이즈 작다고 일을 못하는 것은 아니라고 한다. 런닝 타임에 대해서도 요즘은 다양한 치료법이 있기 때문에 크게 걱정하지 않아도 되는데 심리적 위축감과 지나친 욕심이 문제라는 것이다.

내가 보기에 '으랏차차 콤플렉스'는 마초적인 성향을 가진 남자일수록 심할 거라는 추측이 든다. 남자는 여자 '위'에서 군림해야 되고 가장 확실한 방법은 여자를 만족시켜 주어야만 한다는 강박감에 쉽게 사로잡히기 때문이 아닐까? 남자가 남녀 간의 섹스를 농구경기에서 단독 드리블하여 골대에 공을 넣는 것이라고 생각하는 한 비뇨기과 단골 손님이 될 수밖에 없다고 생각한다.

39세인 L씨는 독신남으로 무역업을 하고 있다. 체격도 잘 생기고 매너도 좋아서 여자들에게 인기가 많은 편이었다. 평소에는 얌전하다가 술이 들어가면 성적 유머를 줄줄이 풀어 놓아 사람들을 웃기곤 하였다. 그리고 말끝에 자기 별명이 '죽여 주는 남자'라는 것이다. 그래서 내가 언제부터 살인청부업을 했냐고 반문했다. 그런데 우연히 그와 사귀던 여자(내 후배이다)와 술을 마시면서 이야기를 들었다. 그 후배 말 "하이고! 애국가 1절 끝날 때까지도 못하면서…… 뭘 죽여 줘? 내 소원이 남자한테 죽어 보는 것이라우!" 그 뒤로 L씨를 볼 때마다 측은한 마음이 들었다. 그리고 언젠가는 그의 소원처럼 단 한 여자라도 죽여 주는(?) 남자가 되기를 빌었다.

사랑하는 남녀 간의 섹스는 서로의 마음을 표현하는 바디 랭귀지인 동시에 이중주이다. 서로의 호흡을 맞추어야만 화음을 이루는 작업인 것이다. 남녀가 추는 모던 댄스는 섹스와 비슷한 점이 많다. 빠른 스텝과 느린 스텝을 번갈아 하면서 서로의 느낌과 몸을 잘 맞추어야 멋진 춤이 나오기 때문이다. 남녀 간의 섹스는 벽에 드릴을 박는 것도 아니고, 체력 테스트하는 연습장도 아니다. 서로의 상황과 컨디션을 조절하며 쌍방 커뮤니케이션이 자유로울 때 사랑은 깊어진다.

섹스관계에서 권위적이고 일방적인 남자는 섹스에 관련한 콤플렉스에 빠질 위험이 많다는 것이 나의 시각이다. 여자들은 관계 그 자체만큼이나 정서적 감정의 교류를 중요시한다. 남자가 자신을 대하는 태도, 말씨, 분위기 등을 통해 사랑의 척도를 삼기 때문이다. 그런 걸 무시하고 오로지 피스톤 운동에만 전력투구한다면 기운만 빠질 뿐이다. 안 그래도 힘든 인생살이에 남자들만 힘쓸 이유가 어디 있겠는가? 때로는 여자도 힘쓰고 서로 봉사하며 즐긴다면 섹스는 사랑의 종합 비타민이 될 것이다.

3년 전 내가 사는 동네에서 일어난 일이다. 동네의 가로수가 전부 은행나무로 심어져 있어 은행이 열릴 때면 인근 동네 아줌마들까지 자루를 들고 와 떨어진 은행을 줍느라 차도에까지 나간다. 은행이 비싸기 때문이다. 은행은 대표적인 정력강화 식품으로 알려져 있다. 어느 날 동네 슈퍼 아저씨가 앰뷸런스에 실려 갔다. 은행을 주울 때에는 장갑을 껴야 하는 데 맨손으로 (욕심 사납게 한꺼번에 집다가) 집다가 옻이 올라 난리가 난 것이다. 그런데 하필이면 가장 중요한 보물 1호에 올랐다는 것이다. (남자들 이야기로는 말도 못하게 고통스럽다고 한다) 그 아저씨는 병원비로 몇십만 원이나 날리고 망신당하고 일약 동네스타가 되었다.

2. 여자의 불감증과 남자의 조루는 사랑의 힘으로 고친다

섹스는 남녀 사이의 가장 솔직한 커뮤니케이션의 장이라고 할 수 있다. 서로의 신체적 접촉을 통해 애정을 표현하고 전달받기도 한다. 그런데 표현과 전달과정에 문제가 있는 것이 바로 불감증과 조루라고 할 수 있다. 불감증은 수신 체계에 조루는 발신체계에 문제가 있는 것이다.

내 주변에도 결혼을 했든 독신이든 불감증으로 고민하는 여자들이 꽤 있다. 불감증에도 여러 경우가 있다. 성욕이나 성적 흥분은 있지만 오르가즘에 도달하지 못하는 성불감증, 성쾌감 소실증이 있고, 성욕도 없고 성관계 자체를 원하지 않는 냉감증(성욕 무감증)이라는 상태가 있다.

불감증의 원인은 성적욕구가 일어나는 시기에 문제가 있던 사람에게 많고 정신적인 이유가 그 원인이라고 한다. 성에 대한 수치심, 잘못된 신앙심, 성에 대한 무지, 첫 관계의 고통스런 불쾌한 기억 등등……. 한편 한방에서는 신장의 기능이 쇠약해지는 것을 주 원인으로 본다.

그런가 하면 골반의 치골, 미골근육 약화가 불감에 큰 영향을 미친다고 하여 케켈운동(PC 근육강화로 항문 조이기 운동, 1940년대 방광치료로 시작되었다)이 각광을 받았다. 내 개인적 의견으로는 불감을 운동요법으로 치료하고자 할 때 가장 효과적인 것이 바로 요가이다. 요가의 아사나(자세)는 항문 조이기가 많기 때문이다. 주변의 이야기를 (불감이라고 고민하는 여자들) 들어 보면 '운전사'(남편이나 애인)의 숙련도가 미숙한 것도 한 원인이 된다고 생각한다.

술과 담배 냄새에 쩔은 몸으로 비호같이 덤빈 다음에 3분 라면 먹듯 일 치르는 그 단순무지가 여자의 감성을 막아 버리는 것은 당연하지 않겠는가? 여자의 신체적 구조와 특성에 대한 상식도 관심도 없이 '물총놀이' 하는 남자는 여자와 사랑을 나눌 자격이 없는 남자라고 할 수 있다.

전문적으로는 정신과 상담과 병원치료가 중요하지만 불감증은 상대의 따뜻한 관심과 사랑이 그 치료의 첫걸음이라 믿는다. 실제로 결혼생활에서는 불감이었던 여자가 이혼 후 연애하면서 '멋진 신세계'를 경험했다는 경우도 종종 있다.

언젠가 TV에서 본 의사와의 인터뷰에서 대한민국 남자가 조루증으로 고민하다 병원 문을 두드리기까지는 평균 5년이 걸린다는 말을 들은 적이 있다. 아마 모르기는 해도 그 사이 남모르게 민간처방과 야리꾸리한(?) 특효법을 찾아 방황했을 것이다. 온갖 정력 동물찾기운동에 중국산 비아그라 구매 등등…….

조루는 스스로 사정을 통제하지 못하는 것으로 의학적으로는 1분 이내로 본다고 한다. 비뇨기과 의사들은 우리나라 남성의 50% 이상이 조루 증상을 갖고 있다고 한다. 증상에 따라 다양한 치료법이 있고 완치할 수 있는데 문제는 적극적으로 해결하려고 하지 않는 것이다.

조루는 걱정이 많은 성격이거나 열등감이 강한 남자에게 많고, 성기왜소 콤플렉스, 심리적 갈등, 죄의식 상태의 자위 등이 원인이라고 한다. 신체적으로는 성기의 감각이나 사정 신경이 예민한 경우, 장기간의 금욕, 사정근육의 이완 등등 …….

물론 조루도 비뇨기과의 전문치료를 받아야 하지만 심리적인 문제는 상대의 애정에 따라 충분히 치료될 수도 있다. 가장 손쉽게 할 수 있는 방법은 발마사지이다. 발바닥의 움푹 들어간 곳을 눌러 주면 신장의 기운을 강화시킨다고 한다.

33세의 그녀는 잡지사 기자로 일하는 매력녀이다. 훤칠한 외모에 활달한 성격으로 남자들에게도 인기가 많은 편이다. 결혼 5년의 종지부를 찍은 것이 작년 크리스마스 때였다. 법원에 갔다왔다며 전화가 왔다. 그날 본 그녀의 표정은 담담한 가운데 시원해 하는 것 같았다. 그리고 얼마 전에 다시 만난 그녀는 한마디로 에버랜드 장미축제 분위기였다. 요즘 연애하고 있다는 그녀 왈, "이제야 사랑이 뭔지 남자가 뭔지 알겠어요." 그녀 말로는 전 남편이 맨날 골골거려 제대로 한 적이 없어 불감이었는데 현재 애인은 파워풀하면서도 안마와 애무가 예술이라고 거품을 물었다. 오래 잘해 보라고 진심으로 축하해 주었다. (그래, 고생 끝에 낙이 온다고, 복 많이 받아라!!!)

개인적으로 조루는 대머리, 비만, 병역미필보다 더 심각한 질병이라고 생각한다. 남성에게 성기능의 문제는 최후의 보루라고 한다. 그런데 그것이 무너진다면 콤플렉스가 생겨서 성격에 이상이 올 것이고 대인관계에서 위축되고 돈 버는 데 애로사항 많고, 일 안 풀리면 상대 여자에게 화풀이하기 쉽고,

심각한 경우에는 자살에까지 이르게 되는 것이다.

　독신에게도 불감증과 조루는 중요한 과제이며 무엇보다 상대에 대한 배려와 봉사가 사랑을 지키는 보약이 된다고 믿는다.

3. 침실 매너가 중요하다

'가까운 사이일수록 예의를 지켜라' 라는 말이 있다. 그 말은 친한 관계가 가장 소중한 사람들이기 때문이다. 바꿔서 생각하면 가까운 사람에게 받는 마음의 상처는 더 깊고 아프기 때문이 아닐까?

지식 중심의 교육환경 속에서 성장한 우리나라 사람들은 타인과의 대화나 의사소통에 능숙하지 못한 경향이 있다. 더욱이 가부장적 문화 속에서 남녀 차별적 사고방식을 그대로 수용하고 모방한 남자가 서구식 교육을 받은 여자를 상대할 때 소통부재를 겪는 것은 당연한 일인지도 모른다.

30세의 연극배우인 S는 연애한 지 석 달 만에 헤어졌다. 상대는 35세의 독신남에 핸섬한 외모와 지적인 대화, 대기업의 경제연구소에 근무하는 엘리트였다고 한다. 그녀가 그와 헤어진 데에는 이유가 있었다. 둘이 처음 같이 있게 된 밤, 그녀는 낯설고 설레면서 기쁜 마음이었다고 한다. 그런데 그와 관계를 하는 내내 차갑고 기계적인 느낌을 받자 너무나 실망했다는 것이다. 평소에는 다정다감하다고 생각했는

데 전혀 딴 사람같이 느껴졌다고 한다. 나는 그녀가 그의 진면목을 보았다고 생각한다.

세상의 어떤 매너보다 가장 중요한 매너는 바로 침실에서의 매너다. 옷을 벗고 서로를 대면하는 그 순간은 자연의 상태이다. 그때 상대의 성격과 인격이 날것(?)으로 보여지기 때문이다. 만약 성격과 인격에 관계없이 상대의 감정을 배려하지 못한다면 그것은 무식과 무지의 소치라고 볼 수 있다. 성적으로 무지하다는 사실은 진정한 사랑에 대한 준비가 덜 되었다는 것이고, 인생의 중요한 가치에 대해 편견과 두려움을 갖고 있다는 뜻이다.

36세의 P씨는 화실을 운영하는 화가이다. 보통 키에 평범한 외모이지만 언변이 뛰어나 여자들에게 인기가 많은 편이다. 독신주의자이자 프리섹스 예찬론자로 소문이 났다. ('잡식성 동물'이 그의 별명이다) 자타가 공인하는 연애박사인 그가 한동안 보이지 않자 사람들이 궁금해 했다. 그러다 얼마 전에 모습을 드러낸 그는 평소의 기고만장은 온 데 간 데 없고 얼굴이 핼쑥해 보였다. 어떤 여자를 보름 동안 줄창 만났다고 한다. 서로 궁합이 맞았기 때문에 밤낮으로 공사(?)를 했다는 것이다. 일주일 지나니까 너무 힘이 드는데 여자가 강행군(?)을 시켰단다. 그래서 여자한테 밀리기 싫어 하루에 박카스 5병씩 먹으면서 노동(?)을 했다고 한다. 어느 날 집에서 나오는데 다리가 휘청거렸다는 것이다. 겁이 덜컥 나 한의원에 갔더니 진이 다 빠졌다고 해서 요즘 한약을 먹는 중이라고 했다. 그의 표현에 의하면 그녀는 남자 몇 명 잡아먹을 여자라고 했다.

한 남자를 그리고 한 여자를 어느 한 부분만 사랑하는 사람은 없을 것이다. 침실은 남녀의 사랑을 깊어지게도 하고 멀어지게도 한다. 그래서 서로 매너를 갖춰야 하는 것이다.

- 먼저 남자의 기를 죽이고 기운 빠지게 하는 것은 '죽이는 여자' 다
  1) 남자도 의외로 무드에 약하다. 신체적으로 청결하지 않은 상태에서 벌렁 드러눕는 여자를 보는 순간 기분이 '깬다'(?)는 것이 남자들의 한결 같은 얘기이다.
  2) 죽은 나무 등걸처럼 무반응으로 '네 맘대로 하셔요!' 타입은 남자의 타오르는 열정을 얼어붙게 만든다. (이럴 때에는 비참한 기분이 든다고 한다)
  3) 남자는 피곤한 몸으로 열심히 하는데(?) 여왕마마처럼 계속 봉사를 요구하는 여자는 뱀파이어와 같다. (보약이라도 해 주면 양심녀이고)
  4) 아무 생각없이 솔직하게 남자의 자존심에 염장을 지르는 여자의 말 한마디가 '남성'에게는 비수가 된다. "도대체 왜 그래?" "아니 벌써! 끝났어?" "자기 요즘 이상해."

- 이런 여자와 쌍벽을 이루는 남자들이 '죽이고 싶은 남자' 다
  1) 섹스는 제3의 언어이다. 그런데 섹스를 단순한 삽입행위로 여기는 남자 때문에 우는 여자가 많다는 걸 알아야 한다. (이런 남자가 변강쇠 콤플렉스를 갖기 쉽다)
  2) 입 냄새, 땀 냄새 나는 몸으로 애무도 없이 돌진하는 남자는 밤에 고속도로를 달리는 덤프트럭 기사와 같다. (전문의 말로는 불감증의 원인이 된다고 한다)

3) 여자를 '마루타'로 아는지 갖가지 자세를 억지로 요구하는 남자(여자가 원하는 것은 테크닉이 아니라 부드러운 사랑의 터치다!)는 일식집 주방장 스타일이다. 이런 남자가 파워와 엔진이 부실한 경우도 있다.
4) 여자에게 립 서비스 해달라고 요구하면서 자신은 전혀 봉사하지 않는 남자(대개 룸살롱에 많이 출입한 남자라고 한다)는 성격도 이기적일 확률이 높다.
5) 섹스를 대학입시 보듯 긴장하고 초조해 하는 남자는 여자를 불안하게 한다. 성기능 장애를 갖고 있거나 정서불안인 경우가 많다.

침실의 매너를 갖추려면 최소한 남녀 모두가 인간의 신체적 구조, 성기에 대한 상식과 지식을 배워야 한다. 그리고 남녀의 성심리에 대해서도 관심을 갖는 것이 건강하고 진정한 사랑을 함께 나누고 가꾸는 길이라 생각한다.

38세의 중학교 교사인 그녀는 독실한 기독교 신자로 평범한 외모에 모범생으로 살아왔다. 요즘 그녀는 만난 지 2년 된 애인 때문에 심각한 고민에 빠졌다. 그녀의 애인은 잘생긴 외모에 활달한 성격의 웹 디자이너다. 두 달 전에 처음으로 역사적(?)인 관계를 거행한 후 그녀는 그와 결혼할 결심을 굳혔다고 한다. (그녀는 버진이었다) 그런데 그녀의 애인은 그 뒤로 자주 관계 갖기를 요구했고, (그녀는 혼전 관계도 죄책감을 갖는데) 게다가 야한 비디오를 틀어 놓고 화면에 나오는 것처럼 해 보자고 덤비는 데 꼭 짐승 같았다고 울먹였다. 그 남자가 맘에 들어 어쩌다 여기까지 왔지만 헤어질 수도 결혼할 수도 없다는 것이다. 내 생각에는 상대에 대한 배려 없는 일방통행과 성에 대한 편견으로 무장된 무지가 충돌하는 과정처럼 보였다.

4. 성격에 문제 있는 남녀, 섹스에도 문제 있다

독신으로 살면서 많은 것을 얻고 누리기도 하지만 무엇보다 결핍되기 쉬운 것이 바로 타인과의 관계 유지이다. 특히 오랜 독신생활을 한 남녀의 공통점은 자아의식이 강하고 독립적이라는 강점과 맹점을 동시에 갖고 있다. 다양한 역할을 해야 하는 기혼자들에 비해 자기 자신의 삶에 애착을 갖는 독신들은 타인과의 대화나 갈등문제에 있어 경험의 기회가 제한되어 있기 때문이다.

따라서 자신의 내면적인 문제가 표면화되는 일도 거의 없다. 내가 보기에도 독신 중에는 성격이 까다로운 사람들이 많다는 생각이 든다. (나를 포함해서) 한 개인의 성격과 기질이 때때로 연애나 섹스관계에 문제가 되는 것을 주변에서도 흔히 본다. 그러면 어떤 성격들이 문제가 있는 걸까? 먼저 여자의 경우를 보자.

1) 남자와 섹스에 대한 관심은 많지만 성에 대해서는 무지하며 '범생' 스

타일에 깔끔한 성격의 소유자로 연애와 섹스, 결혼을 동일시한다. 자의식이 지나치게 강하여 '공주병'이 생기기도 한다. 대개 낭만적 사랑을 꿈꾸다 '마른 꽃'으로 시들어 간다.

2) 성과 남자에 대한 관심이 별로 없고 남자가 특별한 관심을 보이면 불안해 한다. 연애의 무경험자들이 많고 결혼에 대한 욕심도 계획도 없다. 외모와는 달리 둔감한 타입이다.

3) 차분한 성격에 이성적이고 보수적인 스타일이다. 종교적인 영향으로 성적인 본능이 억압되어 성을 죄악시하는 경향이 있다. 전반적으로 경직된 사고방식 때문에 남자들을 도망가게 한다.

4) 남자와 성에 대해 피해의식과 부정적인 반응을 한다. 평소에는 내성적이지만 분노할 때는 안전핀 날아간 수류탄이 된다. 알코올에 의존하는 경향이 많다.

5) 불감증의 공포로 연애를 하지 못하는 타입이다. 소심하고 소극적인 성격으로 우울증을 갖고 있기도 하다. 매사에 자신감이 결여되어 있고 여자는 남자에게 선택받고 사랑 받아야 하는 존재라고 생각한다. 성에 대해서도 남녀 차별적 관념을 갖고 있다.

한편 남자도 성격적인 이유로 섹스에 대한 장애를 갖는 것으로 보인다.

1) 내성적이고 자폐적 경향이 있는 타입으로 낯선 사람과는 말도 잘하지 않지만 친한 사람과는 잘 지낸다. 여자와 사귀는 것을 회피하고 섹스에 대한 이야기만 나오면 예민하게 반응한다.

2) 여자와 특별한 관계가 되기를 두려워하면서도 (결혼 공포증) 데이트하

면서 섹스관계를 갖는 타입이다. 섹스를 스포츠 종목으로 착각하고 있다. 대개 친한 친구도 없고 사람들과 잘 어울리지 못한다.
3) 지나치게 까탈스런 성격으로 대인관계가 원만하지 않은 타입이다. 여자를 사귀어도 오래 가지 못하고 포르노그래피를 통해 성욕을 해소한다. 낭만적 사랑에 대해 냉소적인 관점을 갖고 있다. 성적 쾌락에 대한 집착이 있다.
4) '모유결핍증'으로 어릴 적부터 부모의 애정을 받지 못하고 성장하여 사랑과 보호에 대한 갈증이 심하다. 섹스관계에서도 여자가 헌신적으로 봉사해 주기를 바라는 타입이며 열등감이 강하여 성기능 장애를 가진 경우가 많다.
5) 경제적, 신체적 콤플렉스 때문에 연애를 포기하고 사는 타입이다. 가정의 불화 속에서 성장한 탓에 소심하고 무기력해 보인다. 매사에 의욕이 없고 수동적이다 보니 여자들의 '작업제외 대상' 영순위이다.

36세의 S녀는 이혼한 지 10년이 된 독신이었다. (그녀의 전 남편은 신경쇠약증 환자였고 결혼 6개월 만에 헤어졌다고 했다) 시댁에서 준 위자료와 은행대출금으로 변두리에 조그만 카페를 차렸던 그녀는 장사가 안 되어 결국 가게를 처분하게 되었다. 액세서리를 파는 친구의 가게에서 아르바이트하면서 월세 집에서 산다고 들었다. 평소에는 얌전하고 조용한 성격인 그녀가 술만 취하면 터프걸로 변해 단골 술집에서도 종종 남자들과 싸웠다. 아는 남자들이 가벼운 성적 농담을 던져도 파르르 떨면서 치를 떨었다. 그녀의 취미(?)는 저녁부터 밤새며 맥주 마시는 일이었다. 가끔씩 그녀의 삶이 줄타는 광대처럼 위태로워 보였다. 생활방식이 팔자를 만든다는 생각이 들었다.

독신은 자신의 성격을 관리해야 한다. 스스로 문제가 있다는 판단이 들면 전문가와의 상담을 통해서라도 개선할 의지를 본인 스스로가 가져야 할 것이다. 그것만이 독신의 회색빛 인생에서 벗어나는 길이다.

5. 상대하기 힘든 독신남녀의 유형

우리가 살아가면서 가장 힘들 때는 사람으로 인한 상처와 고통을 받을 때다. 가족, 직장 내의 인간관계, 사업 파트너, 친구, 애인 등등…….

35세의 그녀는 여행사에 근무하는 이혼녀였다. 상냥하고 애교가 많은 성격에 외모도 예쁜 편이었다. 매사에 아는 사람들의 조언과 도움을 청하는 일이 많았다. 한동안 5살 연하의 총각과 연애한다는 소문이 돌았다. (남자의 속옷부터 양복까지 선물한다고 본인이 자랑하기도 했다) 한 1년쯤 지나서는 결혼할 것이라고 공표하고 다녔다. 그리고 얼마 후 음독자살을 시도하다 병원에 실려갔다는 소식을 들었다. 상대 남자는 결혼할 의사가 없었고 그녀가 결혼을 강요하자 헤어지자고 했다고 한다. 그러자 그녀는 그가 보는 앞에서 수면제를 입에 털어 넣은 것이었다. 나중에 들은 이야기로는 그녀는 부모의 이혼 후 계부 밑에서 이복자매들과 갈등을 겪으며 어렵게 살았다고 한다. 언젠가 그녀가 말하기를 "자기는 착한 남자 만나서 사랑받고 사는 게 꿈"이라고 했다. 회사를 그만둔 후 소식이 끊어졌다.

독신생활이 10년을 넘으면서 주위를 둘러보니 예전보다 독신들이 많아진 것을 알 수 있었다. 그들 중에는 평범한 성격도 있지만 그야말로 '혼자 살 수 밖에 없는 성격'을 가진 남녀도 꽤 있다. 심리학자도 정신분석의도 아닌 입장에서, 내가 만난 남녀 중 상대하기 어려운 유형은 대충 다음과 같다.

1) 달팽이형으로 혼자 있는 것이 편하다고 느끼는 타입이다. 타인에 대한 불신이 깊고 비사교적인 성격으로 연애할 기회를 스스로 차단하고 산다. 공상과 잡념에 시달리거나 우울증에 빠지는 경우가 종종 있다. 그러나 남에게 피해를 주지는 않는다.
2) 연애중독증으로 그들은 항상 연애 중이다. (상대가 자주 바뀌지만) 혼자 있는 것을 못 견디는 타입으로 정서불안을 갖고 있다. 사랑이나 섹스에 대한 관심보다는 누군가와 특별한 관계에 있다는 사실을 중요시한다. 불행한 가족사를 가진 사람들이 많다. 인내심과 책임감이 부족하지만 진짜 '임자'를 만나면 개선되리라 본다.
3) 물귀신형으로 조금만 친해지면 매사에 기대고 의존하는 타입으로 도움을 받은 결과가 자신의 기대에 어긋나면 책임을 전가한다. 주변에 오랜 친구가 없는 것은 당연하다. 열등감이 깊은 만큼 자기과시도 심한 편이다. 늘 주변인과 트러블을 만든다.
4) 히스테리형으로 감정의 기복이 심하고 옆 사람을 불안하게 만드는 타입이다. 풍족한 유년시절을 보내다 집안이 갑자기 몰락한 사람에게 나타난다. 자신의 주장이 받아들여지지 않으면 소위 '깽판'을 친다. 술을 마시면 주사가 심하여 소위 왕따가 되기도 한다. 아버지에게 억압받고 자란 남자들에게 많은 유형으로 40세가 넘도록 독신으로 살아가지만 점

점 주변사람들이 떠나간다.

5) 모성과다 증후군으로 과부가 외아들 키우듯 남자를 헌신적으로 돌봐주고 사랑을 베푸는 타입이다. (물론 친구나 후배들에게도 잘해 준다) 감성이 풍부하고 사랑을 많이 받고 성장한 여자들에게 많다. 문제는 지나치게 관심을 쏟는 탓에 상대 남자는 숨이 막혀 도망가고 싶을 정도라는 데 있다. 그리고 자신은 무의식적으로 자기가 베푼 만큼 받기를 원하기 때문에 상대를 원망하는 경우가 많다. 정이 넘치는 것도 병이다.

6) 스포트라이트 콤플렉스형으로 일명 '조명발'을 받기 원하는 타입이다. 어느 자리에 가도 자신은 특별대접을 받아야 하고, 자기에게 시선이 집중되지 않으면 속이 불편한 사람이다. 만약 모임에서 자기가 아닌 다른 사람을 향해 찬사를 하면 곧바로 냉소를 퍼붓는다.

7) 어둠의 자식형으로 그들은 늘 불평불만과 짜증을 끌고 다니며 우그러진 양은냄비 같은 얼굴을 하고 다닌다. 친한 사람들에 대한 험담과 이간질은 기본이고 사소한 일에 분개하고 이기적이고 타산적이다. 새로운 인간관계를 맺어도 오래 가지 못한다.

8) 왕자암으로 대개 머리가 좋고 외모가 번듯한 남자들에게서 나타난다. 섬세하고 예민하며 까다로운 성격이다. 연애하기 어려운 상대로 따지기를 좋아한다. (여자의 나이, 외모, 지적인 능력, 섹시함, 부드러움, 등등 ……) 그러나 자신은 상대에게 베풀거나 배려하는 것에 익숙하지 못하다. 나중에는 여자들이 머리를 흔들고 떠나가는 유형이다.

9) 강박관념과 결벽증으로 매사에 완벽하기를 바라고 사소한 일도 쉽게 결정을 내리지 못한다. 지나치게 침착하고 원리원칙을 고집하여 주변인들의 호흡을 곤란하게 할 때가 많다. 어떤 여자는 청결에 대한 강박관

념으로 하루종일 집 안을 쓸고 닦느라 인생을 허비하기도 한다. 자신의 소지품에 대한 집착도 강하다. 사소한 일에 목숨 걸다 의외로 사기를 당하거나 중요한 일을 그르치는 경우가 종종 있다. 가까운 사람들을 힘들게 하는 타입이다.

10) 편집증으로 비교적 머리가 좋고 자신의 필요에 따라 얼굴을 바꾸는 타입이다. 애정결핍 때문에 늘 이해 받기를 원한다. 질투심이 강하지만 겉으로 드러내지는 않는다. (결정적인 순간까지는) 사회생활 속에서는 문제가 없어 보이지만 연애나 결혼 생활에서는 심각하게 표출되어 파경으로 끌고 간다. 늘 외로움에 허덕인다. (사필귀정인데)

11) 자기과신형으로 자신의 모든 실패는 불운에 있고 자기의 능력이 썩는다고 한탄한다. 심하면 과대망상이 되기 쉽다. 연애관계에서도 자신은 늘 옳고 상대는 미숙하여 가르쳐야 한다고 착각하는 경우가 많다.

12) 지킬박사와 하이드형으로 처음에는 사람들에게 도움을 주기를 좋아하는 것처럼 보인다. (그러나 그의 계산기는 계속 작동 중이다) 그들은 타인에 대한 친절을 보험료를 납입하는 것으로 생각한다. 평소에는 자신의 감정에 대한 표현을 하지 않다가 도화선에 불이 붙으면 분노가 역류하는 특징이 있다. 또한 자신이 희생자이며 피해자라는 의식을 갖고 있다. 말과 행동이 달라 상대를 미치게 만든다. "당신을 행복하게 해 주고 싶어"라고 하면서 결국은 자기 마음대로 하는 등 상대의 감정이나 의견을 묵살한다. 실연하면 복수심에 엽기적인 행동도 불사한다. 결국은 정신과 치료를 받기도 한다.

39세의 Y씨는 수려한 용모와 명문대 학벌에도 불구하고 연애 한번 못해 본 독신남이다. 대기업의 홍보실에서 10년을 근무하고 사표를 썼다. 그의 말로는 직장 생활이 자기에게는 지옥 같았다고 한다. (스트레스로 인해 신장과 위장이 나빠져 입원한 적도 여러 번이라고 했다) 술 담배도 안 하고 조용한 성격인 그는 몇 사람이 우연히 모이면 불안증세를 보이고 급기야는 핑계를 대고 도망을 가곤 했다. 누가 무슨 이야기를 하면 지나치게 따지고 확인하는 습관이 있었다. 또한 사람에 대한 불신과 여자에 대한 공포를 갖고 있다는 인상을 받았다. 불규칙한 수입과 혼자 늙어 가는 현실만큼 연애와 결혼에 대한 공포도 적지 않아 보였다. 요즘 여자들은 '건강한 수컷'을 원한다는 걸 그는 알까?

제6장

독신의 건강관리, 나밖에 챙길 사람 없다

A. 나의 체질에 맞는 건강법

1. 독신의 체질감별과 독신으로 살면서 바뀌는 체질

어느덧 우리 사회에도 건강이 화제의 단골메뉴가 되었다. 그만큼 현대인의 건강이 위협받고 있다는 반증이기도 하다. 독신으로 살면서 심신의 건강을 유지하기란 보통 어려운 일이 아니다.

독신의 건강관리는 어떻게 할 것인가? 우선 각자의 체질을 알아보고 그 체질에 맞는 음식을 섭취하고 체질에 맞는 운동을 선택하는 것이 필요하다. 요즘은 한방에서도 환자의 생년월일을 물어 보고 진맥을 하며 처방을 내리는 경우가 많아졌다. 같은 처방도 개인의 체질에 따라 다르게 나타나기 때문이다.

우리가 흔히 알고 있는 4종의 체질은 조선시대의 이제마 선생의 학설로 태양인, 태음인, 소양인, 소음인으로 각각 다르다. 즉 인체 4장부의 특징을 갖고 구분한 것이다. 태양인은 폐가 크고 간이 작고, 태음인은 폐가 작고 간이 크며, 소양인은 비장이 크고 신장이 작고 소음인은 신장이 크고 비장이 작다. 이것이 외모로 나타나며 체질감별의 중요한 기준이 된다고 한다. (《누구나 할 수 있는 체질감별》 사상체질연구원)

체질에 따라 각자의 골격과 인상, 성격이 다르게 나타나는데 체질은 유전과도 관계가 깊다고 한다. 한 가족의 공통점도 있지만 가족 내에서도 체질이 다 똑같지는 않은 것이다. 나의 어머니와 여자형제(4명)는 일명 '말단미세족' 이라는 공통점을 지닌다. (넷째 여동생 주장) 우리 집 여자들은 손목과 발목이 덩치에 비해 유난히 가늘고 히프가 튼실한 특징이 있다.

그러나 체질은 각자 다르게 나타난다. 똑같은 음식을 먹고도 멀쩡한 사람이 있는가 하면 탈이 나는 사람이 있다. 바로 체질이 다르기 때문이라고 본다. 내가 '건강을 부르짖는 여자' 가 된 계기는 10년 전에 방송국에 근무하면서 과도한 스트레스와 폭식, 폭음, 과로로 사무실에서 위궤양으로 쓰러져 입원한 것이 계기가 되었다.

한 달 동안 죽으로 연명하였고(그때는 남들 밥 먹는 모습이 부러웠다), 소화제, 위장병 약은 달고 살았다. 그후 밤이 되면 불면증, 낮에는 수면부족, 조울증에 시달렸다. 지금 생각하면 나의 타고난 체질을 조절하지 못했기 때문에 스스로가 병을 키웠다는 자책감이 든다.

나는 사상체질 중 소양인의 특징을 모두 가지고 있다. 그리고 열이 많은 소양인에 속한다. 소양인의 외모는 피부가 희고 입술은 작고 얇으며, 곱슬머리가 많다. 성격은 급하고 단순하며 강직하고 불같으면서도 다정다감한 면이 있다.

솔직하고 명예를 중요시하는 반면 신경과민이나 신경쇠약, 눈을 조심해야 하고, 신장과 관련이 깊은 대장과 뼈 등의 기관이 가장 약하다는 것이다. 한

때 신장결석으로 병원에 다닌 적도 있었다. 열이 많은 소양인이 술과 고기를 좋아하면 쉽게 간에 이상이 오고 고혈압의 위험이 있다고 한다.

그런데 소양인은 비위기능과 소화력이 좋다고 알려져 있음에도 불구하고 나는 위장병으로 고생을 많이 했다. 생각해 보니까 사춘기 때 죽겠다고 몇 번이나 음독소동 이벤트를 벌인 것(엄마의 보약 덕분에 회생)이 주원인이고 독신 초기의 5년 간을 열심히 폭식, 폭음한 결과였던 것이다. 아무리 성능이 좋은 차라도 비포장 산길과 진흙탕 길로만 몇 년을 끌고 다니면 고물이 되는 판에 사람의 몸이 로봇 태권V도 아닌 다음에야…….

나의 경우 말하자면 체질개선이 아니라 체질개악이 된 셈이다. 게다가 날로 불어나는 체중까지 사은품으로 받았다. (반납하는데 10년 걸림) 독신으로 살다보면 자칫 사상체질이 아닌 '제5의 체질'을 가질 수도 있다. 그것은 각종 질병의 무기고가 되어 몸에 나쁜 음식만 찾는 체질로 바뀔 수 있다는 뜻이다. (단언하건대 라면과 튀김, 패스트푸드, 피자, 햄, 콜라, 빵만 3년 동안 열심히 먹으면 얼굴은 옥동자가 되고 몸은 드럼통에 성격은 펭귄맨으로 변한다)

독신 중에는 비만, 위장장애, 피부병, 신경과민, 대인기피증, 우울증, 조루, 불감, 알코올 중독에 시달리는 경우가 꽤 많다. 독신으로 심신의 건강을 위해서는 먼저 자신의 체질을 알고 체질에 맞는 음식과 생활지침을 세워야 할 것이다. 아니면 '케세라 세라'로 살면서 '제5의 체질'로 바뀌어지는 걸 감수하든지……. 그것은 각자의 선택에 달려 있다.

2. 독신에게 체질개선이 필요한 이유

건강과 질병이라는 관점에서 보면 체질은 두 가지뿐이다. 건강한 체질과 병에 걸리기 쉬운 체질. 체질개선은 자연치유 건강법으로 허약한 체질에서 자연 치유력이 강화된 체질로 바꾸는 것을 말한다. 자연 치유력은 인간에게 본래 주어진 면역능력(스스로 질병을 치유하는)을 키우는 것이다. 체질개선을 위해서는 건강한 식생활과 꾸준한 운동, 긍정적이고 낙천적인 가치관을 가져야 한다.

독신이 건강하고 안정된 성생활을 하는 기혼자들에 비해 질병에 대한 면역력이 떨어진다는 것은 많은 연구결과에서 나타난 사실이다. 그렇기 때문에 건강한 체질을 유지하는 것이 절실한 문제라 할 수 있다. 그런데도 독신들 중에는 아무 대책 없이 무방비 상태로 살다가 어느 날 입원소식을 보내오는 경우가 종종 있다. (그럴 때마다 내 머릿속에는 경계경보의 노란불이 반짝반짝한다)

원래 전통적인 우리네 식생활은 '신토불이' 라 하여 몸과 땅은 둘이 아니라는 뜻에서 자기가 사는 100리(40Km) 이내의 생산물을 제철에 먹었었다. 그런데 한 10년 사이에 우리의 식단은 '위 아더 월드We are the World'가 판을 치고 있는 실정이다. 참깨, 고춧가루, 도라지 등은 중국산이고 밀가루와 콩, 고기 등은 미국산, 명태는 러시아산, 홍어는 칠레산 등등……

상식적으로 생각해도 풍토가 다른 지역의 농작물이나 축산물이 우리 몸에 좋을 리 없다. 독신들이 즐겨 먹는 라면, 통조림 류, 피자, 햄버거, 냉동식품, 빵, 스낵, 탄산음료는 그 원재료가 수입산이고 첨가물이 많이 들어 있다. 이런 식품을 장기간 애용할 때 건강에 적신호가 온다는 사실이 국내외의 연구로 밝혀지고 있다. 간편하고 입에 달콤한 음식이 화려한 색깔의 독버섯처럼 우리를 유혹하고 있는 것이다. (한때는 내 몸도 이런 것들의 실험창고였다)

독신의 체질개선이 필요한 이유는 육류와 유제품, 첨가물이 많이 들어간 것들이 체질을 산성으로 바꾸기 때문이다. 자연 치유력이 감소되고 질병에 잘 걸리며 성인병에 취약한 체질이 바로 산성체질이다. 피로가 쉽게 오고 노화가 빨리 진행되며 정력이 떨어지고 감기가 잘 걸리는 것이다.

게다가 육체적, 정신적 스트레스가 가중된 직장생활과 자연과 차단된 도시 속의 일상은 산성체질을 부채질하는 셈이다. 육류와 유제품에 많은 인의 양이 칼슘을 감소시킨다고 한다. 그런가 하면 독신들이 자주 다니는 패스트푸드점이나 피자 가게에서 즐겨 먹는 콜라에는 칼슘은 전혀 없는 대신 인의 함량이 많아 심장 이상으로 당뇨, 중풍을 유발한다고 한다. 건강한 독신으로 살려면 우선 체질부터 개선할 일이다.

3. 독신의 위장병, 이렇게 고쳤다

작년에 내가 결심한 두 가지는 단식과 운동이었다. 무엇보다도 내 인생을 리모델링하고 싶었기 때문이다. 집도 낡으면 수리하고 개축하여 멋진 집으로 바꾸는데 삶도 그렇게 변화시킬 수 있다는 생각을 하였던 것이다. 명상이나 요가하는 분들과의 교류를 통해 영향을 받은 점도 작용하였다.

단식은 만성위장병에 시달리던 내게 늘 도전하고 싶은 과제였다. 작년 2월에 주변의 권유로 15일의 감식과 일주일의 단식, 그리고 2주일의 회복식을 끝냈다. 일주일의 단식기간 동안 걱정이 된 친구들이 전화를 해 왔다. (생사확인) 나는 해마다 단식을 한 경험자들의 지도에 따랐기 때문에 두려움은 없었다.

단식의 성패는 회복식에 있으며 단식보다 회복식이 더 중요하다. 작년에 이어 올 2월에 또 한차례 일주일의 단식을 끝냈다. 최소한 1년에 한번씩 몸과 마음에 휴식을 주자는 것이다.

"단식은 칼을 대지 않는 수술이다. 가장 무해한 자연치료법이며 인체를 대

청소하는 시간이라고 할 수 있다. 대부분의 질병은 숙변에서 오는데, 이 숙변을 제거하는 혁명적인 방법이 단식이다."(《사람을 살리는 단식》 장두석 저)

동물은 몸에 이상이 생기면 굶는다고 한다. 몸의 자연 치유력을 극대화하기 위해서이다. 그런데 요즘 사람들은 병이 나면 무조건 약을 집어넣기에 바쁘다. 자연 치유력이 생길 여유조차 주지 않는 것이다. 영양과잉으로 인해 모든 질병이 생기는 데도 불구하고 많은 사람들이 굶는다는 것에 공포를 갖고 있다는 사실은 아이러니컬하다.

미국의 유명한 의사인 푸르만Joel Fuhrman은, 사람은 보통 40일 정도 단식할 수 있는 영양을 축적하고 있다고 하였다. 단식의 역사는 오래되었으며, 모든 종교(이슬람, 기독교, 불교 등)에서 몸과 영혼을 정화하기 위한 수단으로 행해져 왔다. 불교에서는 모든 욕심의 으뜸으로 식탐을 꼽았다.

먹는 것에 대한 욕심을 끊기가 그만큼 어렵다는 뜻이다. 반대로 해석하자면 식탐을 끊으면 그만큼 자유롭고 평온하다고도 볼 수 있다. 보통 단식에 실패하는 이유는 첫째 배고픔을 이기지 못하는 것이고, 둘째 명현반응(평소 약하고 아픈 부위에 통증이 오는 것으로 좋아지는 과정에서 나타난다)에 대한 두려움이며, 셋째 단식기간의 2배가 걸리는 회복식을 올바로 하지 않기 때문이다.

단식은 자기를 돌아볼 수 있는 좋은 계기가 될 뿐 아니라 인간과 자연에 대한 성찰의 시간을 마련해 준다. 그리고 많은 질병을 치유하는 방법이 되기도 한다. 나의 경험으로도 단식은 위장장애를 가진 사람에게 최고의 처방이 된다고 생각한다.

작년에 나는 단식을 계획한 15일 전부터 식사량을 줄이면서 숙변을 제거하는 생약을 하루에 2포씩 먹었다. 그리고 단식 전 날 구충제를 먹고 일찍 잠자리에 들었다. 단식하는 동안 매일 지리산 고로쇠 약수를 2500ml 정도 마시고 (수시로 나눠서) 죽염을 조금씩 먹었다. 나무의 수액인 고로쇠는 배고픔을 잊기에 충분했다. 그리고 단식 동지들끼리 모여 매일 북한산과 도봉산을 번갈아 등산을 했다. (하루에 5~10Km 정도 걸어야 한다)

나중에 하산할 때가 고역이었다. 근처 음식점에서 숯불을 피워 고기를 굽는 냄새를 맡으며 빈대떡에 막걸리를 들이키는 사람들 옆을 지날 때마다 우리는 회복식 후에 먹을 맛있는 먹거리에 대한 기대감으로 불타오르는 식욕을 죽였던 것이다.

단식 때 운동은 몸의 회복을 돕고 노폐물을 배출하여 근육의 손실을 막아주기 때문에 반드시 필요하다. 나는 단식기간 중에 관장을 마그밀로 대신했다. 마그밀은 위병과 변비개선제로 하루에 5알에서 8알 정도 물과 같이 먹으면 배변을 쉽게 해 준다.

회복식 기간에 어떤 사람은 흰죽 대신 생식을 하다 병이 나기도 했다. (내가 보기에는 욕심이 병을 초래했다) 회복식 기간 중 며칠은 집에서 백미로 쑨 미음을 커피잔 반 정도로 3번에 걸쳐서 나눠 먹고 4일 정도 야채 죽을 먹다가 죽 전문점에 가서 메뉴를 바꾸면서 사 먹었다. 그리고 일주일 정도는 밥 반 공기에 씻은 김치조각, 된장국, 두부, 호박나물(기름기 없이 요리)을 먹었다.

그런 뒤에도 한 달 정도는 소식과 채식을 하였더니 체중은 5Kg이나 줄고 피부는 더 맑고 투명해졌다. 무엇보다도 그 지긋지긋한 위장병에서 벗어났다는 사실이 가장 기뻤다. 단식에 대한 선입견을 버리고 새로운 세계에 눈을 뜨게 되었다.

현재의 우리네 삶이 얼마나 자연과 멀어져 있는지를, 또 버려야 할 것이 얼마나 많은 지를 새삼 느끼게 되었다. 버려지는 음식물 쓰레기만큼이나 많은 것이 우리가 가진 쓰레기들(편견, 분노, 이기심, 질투, 경쟁심, ……)이었다. 올해는 단식기간 중 등산 대신 헬스클럽에서 1시간 정도 걷고 사이클링을 했다. 집에서는 간간이 요가로 스트레칭을 하였는데 몸이 가벼워 지고 일의 집중력이 높아지는 것을 느꼈다.

"마음을 비우려면 너의 내장부터 비워라."

자신의 삶을 변화시키고 싶은 독신에게 단식은 좋은 선택이 될 수 있다. 그리고 자신의 노력에 따라 여러 가지 선물을 받게 될 것이다. 육체는 신이 거주하는 집이라는 생각을 한번쯤 해 볼 일이다.

B. 독신에게 특히 필요한 음식 건강법

1. 즐겨먹는 음식에 따라 성격과 팔자가 달라진다

지난 2월 한 시사주간지의 제목이 눈길을 끌었다.
'한국은 인격장애 공화국'
서울대 정신과 연구팀의 설문지를 통한 보고서(4,700명의 자가진단 자료)에서 한국 20세 남성 중 인격장애를 의심받은 사람이 무려 71.2%에 이른다는 것이었다. 나는 그 기사를 보면서 혹시 그 원인이 인스턴트 식품의 애용과 관련이 있지 않나 하는 의구심이 들었다. 이미 미국의 상원 영양문제 특별위원회에서는 정신분열증까지도 잘못된 식생활에서 기인한다는 발표를 한 바 있다.
세계적으로 방대한 체인망을 갖고 있는 아이스크림 회사 베스킨라빈스의 상속자가 채식환경운동가로 변신한 사실, 미국의 한 비만환자가 맥도날드 햄버거를 비롯한 4개의 패스트푸드 업체를 상대로 소송을 한 사건 등은 무엇

을 의미하는 걸까?

 독신이 즐겨 먹는 것은 라면, 피자, 스파게티, 냉동식품, 레토르트 식품, 청량음료, 통조림 등이다. 미국에서는 이를 정크푸드(Junk Food, 쓰레기 음식)라고 한다. 비타민이나 미네랄이 거의 없는 성인병의 주범으로 낙인 찍은 것이다. 성장촉진제와 항생제에 노출된 수입육류와 방부제가 첨가된 수입 밀가루, 그 밖의 인공첨가물과 설탕, 40%에 가까운 지방, 소금으로 만든 것이 한 끼 식사의 대명사인 '햄버거'이다.

 음식조리와 스낵식품에 널리 사용되는 조미료를 많이 먹으면 시력이 손상된다는 일본의 연구결과가 발표된 바 있다. 인스턴트 식품은 인의 과잉섭취와 칼슘의 부족현상을 가져온다. 그 결과 신경이 예민해지고 성격이 급해지면서 불면증과 피로, 각종 성인병에 노출된다는 것이다.

 일본의 스가와라 아키코 박사는 잡곡류에 많이 있는 비타민 B군의 부족이 기억력 감퇴, 급한 성질, 정상적인 판단력의 결여를 초래한다고 밝혔다. 또한 저혈당이 되면 현기증, 짜증, 정신불안, 강박관념 등의 증상을 가져온다고 한다. 뿐만 아니라 지나친 단백질과 설탕의 섭취는 아토피성 피부염 같은 알레르기성 체질을 악화시킨다는 것이다. 또 간식으로 먹는 아이스크림에는 포화지방과 설탕이 많아 심장마비에 걸릴 확률이 높다는 연구결과도 나왔다.

 보통 패스트푸드와 세트로 먹는 콜라 속의 당분은 칼슘 흡수를 방해하고 칼슘을 소모시키기 때문에 흔히 '칼슘도둑'이라 부른다. 뿐만 아니라 콜라는 속을 차게 하므로 건강에 좋을 리가 없다. 칼슘은 사람 몸에서 가장 많은 무기질이다.

 이 영양소가 부족할 때 갱년기 여성의 공포대상 1호인 골다공증이라는 치명적인 병이 나타난다. 또한 칼슘이 비정상적으로 부족하면 근육에 경련이 일어나기도 하며 여성들의 생리 전 증후군도 칼슘부족이 원인이라고 한다. (《바른 식생활》 아델 데이비스 저) 흔히들 우유에 칼슘이 많다고 하지만 흡수율은 양배추, 겨자잎, 케일이 우유보다 높은 것으로 나타났다. 특히 해조류인 톳은 칼슘 함유량이 우유의 14배나 된다고 한다.

한편, 과다하게 편중된 영양과잉과 육류 중심의 서양식 생활이 현대인의 성인병을 초래했다는 비판과 반성이 일면서 채식, 곡류 중심의 자연식으로 식생활을 바꾸는 사람들이 점점 증가하는 게 세계적인 추세이다. 외국과 우리나라의 자연치료 시설들이 식이요법으로 자연식을 채택하여 많은 환자들이 치유에 성공하고 있는 것으로 알려지고 있다.

자연식은 말 그대로 인공적인 첨가물을 넣지 않은 자연상태로 먹는 것을 말하며, 유기농으로 재배된 곡류와 채소를 선택해야 한다. 주식을 백미에서 현미로 바꾸고 잡곡밥을 해 먹는 것이 자연식의 첫걸음이다. 현미와 잡곡은 체질을 약알칼리로 중화시켜 주며(면역력 강화), 비타민을 비롯하여 칼슘, 리놀산 등의 유효성분을 많이 함유하고 있다.

콩으로 단백질 섭취를 대신하고 유기농 야채와 과일, 해조류, 어패류, 견과류(깨, 해바라기 씨, 호박 씨, 호두 등) 중심으로 하는 자연식 생활은 대체의학의 한 방법으로 질병치료에 큰 효과를 얻고 있다고 한다. 자연식을 통해 우리 몸에 필요한 5대 영양군을 골고루 섭취함으로써 자연 치유력이 강화되어 면역력이 높아지기 때문이다.

각종 성인병이 공포의 대상이 되는 만큼 수많은 치료제와 약이 쏟아져 나오고 있다. 그러나 나는 "음식으로 못 고치는 병은 약으로도 못 고친다"는 말을 믿는다. 성인병은 잘못된 식생활과 습관에서 생긴 병이다. 그렇기 때문에 식생활과 습관을 개선하면 건강은 회복될 수 있다고 생각한다. 건강뿐 아니라 성격도 달라지고 삶에 변화가 온다.

　내가 먹는 음식이 나를 만들고 내 성격을 만든다고 해도 과언이 아니다. 내 성격은 분명 내 팔자(운명)에 커다란 영향을 미칠 수밖에 없다. 성격 나쁜 사람이 성공할 수 있는 확률은 낙타가 바늘귀에 들어갈 확률과 같다. 자연식은 건강과 함께 마약과도 같은 달콤한 식욕을 잠재우는 동시에 내 안의 많은 욕심을 펴낼 수 있는 제어장치가 되어 준다고 확신한다. 내가 가장 좋아하는 말이 있다.

　"우리는 살려고 하는 생명체에 둘러싸여 있는 살려고 하는 생명체이다."

　아프리카에서 의술로 봉사와 헌신을 다했던 슈바이처 박사의 경구이다.

2. 독신에게 특히 좋은 건강 한방차 만들어 먹기

한방차는 음료수보다 가격도 훨씬 저렴할 뿐더러 건강을 유지하는 방법 중 가장 간편하다.

시중에 티백이나 1회분씩 포장된 것도 나와 있으나 설탕과 첨가물이 들어 있어 집에서 만든 것과는 비교가 되지 않는다. 한방차의 재료는 경동시장의 약재상이나 인터넷을 이용하면 쉽게 구할 수 있다. 양을 늘려 며칠 분을 한꺼번에 만들어도 된다. 나는 시력이 엄청 나빠 몸이 피곤하면 눈부터 아픈 탓에 결명자차를 자주 먹는다.

1) 결명자는 눈이 밝아진다는 이름처럼 시력과 간장, 신장, 변비에도 효과가 크다. 싱싱한 결명자를 골라 깨끗이 씻어 물기를 뺀 다음, 프라이팬에 약한 불로 볶는다. 노릇하게 볶은 후 방습제를 넣어 통에 보관한다. 주전자에 결명자를 넣고 물을 부어 끓인 후 약한 불로 오래 달인다. 달인 물에 꿀을 타서 먹으면 된다.

2) 계피차는 위를 튼튼하게 하고 머리를 맑게 하며 신경을 안정시킨다. 통계피 10g과 생강 20g을 깨끗이 씻어 물기를 뺀 다음, 주전자에 물 800ml 넣고 끓인다. 약한 불로 오랫동안 달인 후 잣과 대추채를 띄워 마신다.

3) 삼백초차는 해독작용, 이뇨, 변비, 월경불순에 특효로 알려져 있다. 과식할 때 마시면 금방 소화가 되는 걸 느낀다. 약재상에 갔다가 뱃살 빠지는데 좋다고 해서 달여 마셨는데 효과가 있는 것 같았다. 삼백초 15g과 물 600ml를 넣고 은근한 불로 반이 될 때까지 달인다. 수시로 마시면 좋다.

4) 오미구기자차는 신장을 보호하고 체질을 강화하여 양기부족, 만성피로에 좋다고 한다. 오미자는 예로부터 자양강장제로 알려져 왔다. 오미자의 신맛에는 유산균이 많이 있어 신진대사를 돕는다고 한다. 오미자 5g과 구기자 5g에 물 300ml를 넣고 은근하게 오래 달인 후 마신다. 여름에 차게 해서 마시면 조갈도 해결하고 여름 건강차로도 좋다.

5) 산수유차는 신장과 정력강화, 빈혈, 거친 피부, 피로회복에 특효다. 시중의 건강식품회사들이 환과 음용액으로 앞다퉈 판매하는 것이 바로 이 산수유다. 먼저 산수유를 씻어 물기를 뺀 다음, 산수유 20g에 물 1L를 넣고 끓인다. 불을 줄인 후 은근하게 오래 달인 물에 꿀을 타서 마신다. 여름에 차게 먹어도 좋다.

6) 두충차는 간장과 신장에 작용하여 근육과 골격을 튼튼하게 해 준다고 한다. 정력, 기억력 감퇴, 심장병에 효과가 있다. 두충잎을 잘게 썰어 약간 볶은 다음, 뜨거운 물을 부어 맛이 우러나오기를 기다린 후 마신다.

7) 생강차는 생강 반 근을 잘 씻어 귤껍질 말린 것과 대추와 함께 적당량의 물을 넣고 약한 불에 한 시간 정도 달인 후 마신다.

8) 다시마차는 골다공증의 예방과 치료, 특히 피부미용에 효과가 높다. 들통에 다시마를 넣고 하룻밤을 재운 뒤 다음날 우러나온 물을 마신다. 다시마를 볶은 후 가루로 내어 뜨거운 물에 티스푼 2개 정도 넣어 마셔도 좋다.
9) 당귀차는 혈액순환 장애에 효과가 있다. 20g정도를 달인 후 서너 번 나눠 마신다. 소화기 계통이 약한 사람은 삼간다.
10) 대추차는 말린 대추 20g과 생강, 감초를 물 2L에 함께 넣고 2시간 이상 달인 후 마신다. 간 기능 회복, 해열, 진통, 신체허약에 효과가 있다.

계절에 따라 재료를 바꿔가며 한방차를 만들어 먹으면 우리 몸에 필요한 것을 골고루 섭취할 수 있다. 물은 반드시 생수를 쓰고 재료는 깨끗하고 질 좋은 것을 구입해야 한다. 재료에 따라 중국산도 있으므로 국산인지를 반드시 확인하도록 하자.

3. 외식할 때 독신이 챙겨 먹어야 할 것들

사실 독신이 집에서 균형 있는 식사를 한다고 해도 나물 종류는 번거롭기 때문에 요리해 먹기가 쉽지 않다. 나는 혼자 외식을 할 경우, 되도록 가정식이나 생선구이, 청국장 등을 먹는다. 생선과 청국장은 소화가 잘 되고 머리를 많이 쓰는 사람에게 좋으며, 피부미용에도 좋다고 한다.

독신이 외식할 때에는 부족하기 쉬운 영양소 섭취를 보충한다는 차원에서 메뉴와 반찬을 선택해야 한다. 나는 제철에 맞있는 탕과 찌개는 외식을 하는 편이다. 생태탕, 복매운탕(맑은 복지리로), 대구탕, 해물탕, 꽃게탕, 삼계탕, 추어탕, 도미나 민어, 우럭찌개는 영양섭취에 좋지만 집에서 해 먹는 것보다 외식을 하는 것이 시간과 돈, 노력에 있어 훨씬 경제적이기 때문이다.

또한 외식시 해조류와 야채, 섬유질이 풍부한 것들을 신경써서 챙겨 먹어야 한다. 파래, 김, 다시마는 단백질과 무기질, 비타민이 풍부하고 요오드성분이 피를 맑게 한다. 특히 다시마는 혈액 속의 노폐물을 신속하게 제거해 '장의 청소부'라는 별명이 있다. 또한 지방제거 작용이 있어 비만해소에 도움이 되며, 피부노화억제 등의 효과로 미용에는 최고라 할 수 있다. 야채는 시금치, 쑥갓나물, 양배추, 오이 등을 더 주문해서 먹는다.

예전에 주인공 '뽀빠이'가 시금치를 먹으면 천하장사로 변하는 만화영화가 인기를 끈 적이 있었다. 시금치는 빈혈, 변비, 감기, 위장장애에 좋으며, 쑥갓은 칼슘이 많고 비타민 A, B, C가 풍부하다. 어쩌다 친구들과 치킨 집에 가면 나는 주로 양배추를 소스 없이 두 접시 이상 먹는다. 위가 약한 독신에게 최고의 야채인 양배추에는 골다공증 예방, 미용, 빈혈방지와 강장 효과가 있다고 한다.

오이는 칼륨이 많은 알카리성으로 몸을 맑게 해 준다. 또한 내가 열심히 먹는 것 중 하나가 바로 미나리인데 각종 비타민과 미네랄이 풍부할 뿐만 아니라 해독작용이 뛰어나기 때문이다. 식당에서 가끔 나오는 피망무침은 기미, 주근깨 예방과 비만방지에 좋다고 한다.

여자들은 양파를 별로 안 먹는 편인데 (남자들은 열심히 먹는다. 정력증강에 효과가 있다고 하니까) 양파는 육류의 해독작용과 함께 피로회복과 감기에도 좋다. (몸살이 날 때 양파에 고춧가루, 마늘, 소금을 넣고 국을 끓여 먹으면 몸에서 땀이 쫙 난다) 여성들에게 가장 좋다는 호박은 해독작용, 부기제거, 비만방지에 효과가 뛰어나다. 야채를 많이 먹기 위한 방법으로 가끔 쌈밥 집을 찾는 것도 괜찮다. (가능한 유기농 야채가 나오는 식당이 좋다)

나는 모임에서 뷔페를 갈 때는 각종 야채를 주로 먹는데 소스는 치지 않는다. 정기적으로 채식전문 식당을 이용하면 독신에게 자칫 부족하기 쉬운 비타민과 섬유질 등을 충분히 섭취할 수 있다.

나는 날씨가 우중충하고 입맛이 없을 때면 가끔 생선까스 단골집을 찾아간다. 그럴 때도 곁들여 나오는 파슬리(보통 장식용으로 안다)를 물컵에 살짝 담갔다가 남김없이 먹는다. 비타민 C 그 자체인 파슬리에는 철분과 비타민 A도 많이 함유되어 있다.

중국집이나 맥주 집에 가면 요리와 안주로 부추볶음이나 부추절임이 나온다. 부추는 독신남에게 많은 조루증에 효과가 있으며 몸이 찬 독신녀들의 냉증, 소화장애, 빈혈에 좋다. 중국요리에 잘 나오는 죽순은 변비해소, 신장강화, 비만해소, 체력증강에 효과가 있다. 돼지고기를 좋아한다면 삼겹살보다는 영양과 맛에서 훨씬 월등한 중국집의 오향장육을 추천한다. 이렇듯 똑같이 외식을 하더라도 어떻게 하느냐에 따라 건강이 달라진다고 본다.

독신에게는 한끼의 식사가 자신의 세계를 만드는 에너지원이라는 의식이 절실히 필요하다.

4. 독신이 식탁을 잘 차려야 하는 이유

　나는 남의 집을 방문하면 맨 처음 눈길이 그 집 주방부터 가게 된다. 주방 살림살이를 보면 안 주인의 생활 만족도를 대번에 알 수 있다. 가정이 화목하고 행복한 집은 음식이 맛있고 풍성하고, 부부관계가 원만하지 않은 집은 살림살이가 엉망인 경우가 보통이다.
　그것을 여실히 보여 주는 공간이 바로 주방인 것이다. 음식은 첫째가 정성이고, 그것은 만족감과 사랑에서 나온다. 실제로 기분이 나쁠 때 음식을 만들면 이상하게 재료를 빠뜨리거나 간이 짜게 되는 등 맛이 없는 걸 경험한다. 또 먹고 나서도 소화가 안 되고 체하기까지 한다. 그래서 나는 컨디션이 안 좋을 때에는 맛있는 집을 찾아 외식을 하는 습관이 생겼다.
　내가 보기에 혼자 집에서 밥을 거의 안 해 먹는 사람이 정서적으로 안정되고 만족감을 갖고 사는 경우는 거의 없었다. 허구한 날을 밖에서 동냥 다니듯 외식하며, 시도 때도 없이 귀가하는 사람이 언제 살림에 신경을 쓰겠는가? (정신적으로 허하고 불안하기 때문에 밖으로 떠돌며 시간을 때우는 것

이리라)

　규모 있는 식생활을 하려면 시간과 노력이 투자되어야 한다. 하지만 그로 인해 독신의 삶을 업그레이드시킬 수 있는 계기가 되기도 한다.

　첫째, 규칙적이고 짜임새 있는 생활로 정서적인 안정감을 준다.
　둘째, 외식을 덜함으로써 화학 조미료나 당분, 소금의 과다섭취를 억제할 수 있다.
　셋째, 영양과 맛에 신경을 쓰다 보면 요리에 취미를 붙여 생활의 활력소가 된다. 내가 먹고싶은 음식을 내 손으로 맛있게 차려 먹을 때의 만족감은 독

신의 고독을 한 순간에 쓸어낸다.

넷째, 식생활에 관심을 쓰다 보면 시간과 돈 관리가 저절로 된다. 살림에 신경을 쓰면 시간절약의 필요성을 절감하기 때문에 살림꾼이 될 수밖에 없다.

나 자신도 늘 식단짜기에 대해 고민을 하지만 장보기와 요리에 대한 즐거움과 만족감이 훨씬 큰 것이 사실이다.

가끔 알뜰주부인 친구와 같이 광장시장(서울 시내에서 크고 오래된 재래시장)까지 걸어가서 (도보로 30분) 장을 볼 때면 스트레스 해소도 되고 나물, 생선, 젓갈 등을 보며 군침을 흘리기도 한다. (맛있는 음식을 상상하며)

독신으로 식탁을 잘 차리기 위해서는 기본적인 준비가 필요하다. 먼저 곡류(백미, 검정콩, 혼합잡곡, 찹쌀, 율무 등)와 최소한의 주방기구, 각종 양념(기본 양념 외에 날콩가루, 들깨, 고추, 감자, 파슬리, 메밀가루), 건제품(국내기용 멸치, 다시마, 미역, 마른 새우, 마른 버섯), 장류(고추장, 된장, 간장), 건과류(밤, 대추, 은행, 땅콩, 호두) 등을 구비해야 한다. '핸드 메이드 hand made' 요리는 만족한 독신생활의 필요충분 조건이 다.

예전에 다니던 직장동료의 집에 갔을 때였다. 당시 35세의 독신인 그녀는 조그만 체구에 늘 기운이 없어 보였다. 자기네 부서회식이 있는 다음날은 몸이 아파 조퇴한다는 말을 자주 들었다. 그 집에 들어서자 주방이 눈에 들어왔다. 설거지통에 프라이팬과 냄비, 수저 등이 곤두박질치고 있었다. 자기는 보통 팬이나 양푼에 밥과 김치를 넣어 비벼 먹거나 라면으로 때운다고 하였다. 밥은 전기밥통에 3일치를 해서 먹고, 잠은 하루 10시간씩 자지 않으면 피곤해서 못 견딘다는 것이다. 그러면서 하는 말이 자기는 결혼은 꿈도 안 꾼다는 것이었다. 자기 한 몸도 추스르기 힘든

판에 어떻게 다른 사람 수발까지 들겠느냐는 것이다. 나는 그 순간 그녀가 굉장히 똑똑하고 양심적인 여자라는 생각이 들었다.

나는 '먹는 것이 보약'이라는 말을 믿는 사람이다. 잘못된 식생활은 병이 들기 쉽고 몸이 병들면 정신도 병들기 쉽다. 성격도 망가지기 마련이다. 성격이 망가진 사람은 폐차보다 못한 신세다. (폐차는 고철로 재활용이나 되지만) 재미있는 사실은 요리하기 좋아하는 사람이 성격이 나쁜 경우는 한번도 보지 못했다는 것이다. 독신의 식탁을 잘 차리기는 쉽지 않은 일이다. 그러나 조금만 부지런을 떨고 노력을 기울인다면 독신의 행복지수를 높이는 '잘 먹고 잘 사는' 길이 보일 것이다.

C. 독신에게 운동은 필수다

1. 아침에 잠 깨우고 취침 전 숙면을 위한 요가

"요가는 들떠 있는 마음을 가라앉히고, 에너지를 조직적인 채널로 바로 전해 준다."(《요가디피카》 B.K.S. 아헹가 저) 요가 아사나(자세)는 여러 가지가 있지만 여기서는 독신의 건강과 관련한 수행법을 중심으로 소개하고자 한다.

1) 붕어운동 바닥에 반듯이 누운 다음 양손을 깍지 끼어 목 뒤로 가져간다. 두 팔꿈치를 벌리고 붕어가 헤엄치는 것처럼 몸을 좌우로 움직인다. 두 다리는 곧게 펴고 발끝을 얼굴 쪽을 향해 젖힌다. 아침저녁으로 1~2분한다. 이 운동은 위와 장의 작용을 활발하게 해 변비에 좋고 등뼈의 좌우교정에도 좋다. 취침시 숙면을 취하게 한다.

2) 모관운동 일명 온몸 털기 운동으로 일본의 '니시의학'의 창시자 니시

가쯔조 박사가 창안한 것이다. 반듯이 누운 자세로 팔과 다리를 90도가 되게 위로 들고 발바닥은 수평으로 한 다음 손가락을 가볍게 쫙 편다. 그리고 팔과 다리를 1~2분간 털어 준다. 혈액순환이 잘 되도록 하기 때문에 손발의 냉증, 마비에 좋고 여성은 다리가 날씬해진다.

3) 쟁기자세 천장을 보고 누운 자세에서 양손바닥을 등 뒤쪽 허리 부분에 댄다. 숨을 크게 들이키면서 양발을 모아 머리 뒤로 넘긴다. 가능한 발끝을 멀리하여 바닥에 닿도록 한다. 다음 양손바닥도 바닥에 닿게 하여 복식호흡을 하며 정지자세로 버틴다. 2분 정도 지나면 천천히 원위치로 돌아와 숨을 고르게 한다. 이 자세는 척추와 복부를 강화시키고 변비, 복부비만, 어깨 결림에 효과가 크다.

4) 온몸 구르기 운동 깍지 낀 손으로 무릎을 감싸고서 턱이 가슴에 닿을 정도로 바짝 당긴 후 몸을 뒤로 바닥까지 젖혔다가 앞으로 몸통을 세우는 것을 반복한다. 전신의 근육을 풀어 주고 척추를 바로 잡아 준다.

5) 역물구나무서기 누운 상태에서 양손으로 몸통을 떠받치며 다리와 상체를 몸과 90도가 되게 올린다. 양손을 허리에 대고 받쳐준다. 이 자세는 변비, 노폐물 제거와 몸매교정에 효과가 있으며, 머리를 맑게 해 준다.

6) 코브라 자세 엎드려 누운 다음 발끝에서 아랫배까지 바닥에 붙인다. 두발을 모은 후 양 팔을 가슴과 일직선이 되게 바닥을 짚고 누른다. 천천히 허리힘으로 상체를 일으키고 머리를 힘껏 들어 고개를 뒤로 젖힌

다. 3번 정도 반복한다. 소화기 계통과 생리통, 위통에 좋다.

7) 활자세　엎드려 누운 채 등뒤로 양손을 뻗어 양 발목을 잡고, 힘껏 끌어당겨 어깨에 가깝게 되도록 버틴다. 고개는 뒤로 젖히고 양 무릎은 모아 주어 활 모양을 만든다. 3번 이상 반복한다. 복부비만과 변비, 생리통에 좋다.

8) 물구나무서기　모서리가 있는 벽 쪽에서 10cm 정도 떨어진 위치에 이마를 바닥에 대고 양팔로 삼각형 모양을 만든다. 다음 무릎을 들어 엉덩이를 높이 세운다. 한 발씩 벽에 대어 쭉 편다. 등을 수직으로 뻗고 배를 집어넣어 힘을 주며 복식호흡을 한다. 전체 체중이 머리에 실려야 한다. 몸을 내릴 때 천천히 한 발씩 내린 다음 잠깐동안 무릎 꿇은 자세에서 숨을 고른 후 머리를 들고 몸을 일으킨다. 목이나 척추가 약한 사람은 피하는 것이 좋다. 이 자세는 수명연장, 흰머리 감소, 노화방지 등에 효과적이다. 초보자는 1분 정도 하면 된다. 단 저녁시간에 하는 것이 좋다.

9) 사바 아사나　'사바'는 시체라는 뜻으로 휴식을 취하는 자세이다. 먼저 등을 대고 길게 눕는다. 그런 다음 큰 대大자 모양을 취한다. 그리고 양 팔을 배 위에 올렸다 45도 정도로 펼친다. 다리는 어깨 넓이로 벌리고 천천히 숨을 내쉰다. 스트레스와 긴장해소에 좋다.

건강의 3가지는 잘 먹고 잘 싸고 잘 자는 것이다. 그런 면에서 요가는 소화를 돕고 노폐물을 배출시켜 주는 까닭에 독신에게는 최상의 운동이 된다.

2. 짬짬이 할 수 있는 운동

　복식호흡과 괄약근 조이기는 출퇴근 시간이나 일하는 도중 휴식을 취할 때 간단히 할 수 있는 운동이다. 복식호흡은 요가의 기본이 되는 운동이다. 보통은 가부좌나 반가부좌를 한 자세에서 하지만 의자에 앉은 상태에서도 할 수 있다.
　먼저 혀는 입천장에 붙이고 입을 다문다. 코로 호흡을 뱃속 깊이 마셔서 배가 나오게 하고 (배를 풍선처럼 만든다) 천천히 호흡을 내쉬면서 등쪽으로 들어가게 한다. 초보자는 1:1의 비율로 숨을 들이쉬고 내쉰다. 눈을 살짝 감고 한 곳에 의식을 집중한다. 복식호흡은 횡경막의 수축이완을 크게 함으로써 산소를 최대한 마실 수 있게 한다. 이 복식호흡을 열심히 하면 뱃살도 빠지고 심신이 안정되는 걸 느낄 수 있다.
　한편 괄약근 조이기는 항문 주위의 근육을 수축시키는 방법으로 여성에게 특히 효과가 크다. 노폐물 배출과 장기의 탄력강화로 치질 예방과 요실금 치료에 좋다. 시간과 장소의 구애를 받지 않고 할 수 있는 것도 장점이다. 남성은 사정을 조절하는 괄약근의 강화로 성기능과 내장기능까지 좋아진다. 또 여성은 화장실에서 괄약근 수축을 하며 몇 번에 나눠 배뇨하는 습관을 가지면 성기능을 강화시킬 수 있다. 뿐만 아니라 집중력이 높아져 머리를 많이 쓰는 사람들에게 효과가 있다.

　스트레칭은 운동 전 몸 풀기로 많이 하고 있지만 일하는 중간에 잠깐씩만 해도 몸이 한결 개운해지는 걸 느낄 수 있다. 근육의 긴장을 감소시키며 관절 가동범위를 증가시켜 혈액순환을 증진시키기 때문이다. 여기서는 컴퓨터 앞에서 장시간을 보내는 독신에게 많은 어깨결림과 소화불량에 효과가 있는 스트레칭 몇 가지를 소개한다. 먼저 휴게실에서 할 수 있는 서서 하는 스트레칭이다.

1) 다리를 모으고 서서 양손을 깍지 끼고 양팔을 가슴 앞쪽으로 쭉 뻗은 다음 머리 위로 뻗어 전신을 늘리듯이 편다. 10초에서 20초 정도로 여러 번 한다.
2) 다리를 모으고 선 상태에서 오른손으로 왼쪽 팔꿈치를 잡고 오른쪽으로 당긴다. 머리 뒤로 양팔을 구부려 교차로 잡고 옆으로 몸을 기울인다. 옆구리가 늘어짐을 느낄 정도로 한다.
3) 상체를 20도쯤 구부린 상태에서 뒤쪽으로 깍지낀 팔을 위쪽으로 들어 준다. 그런 다음 상체를 직각으로 구부린 상태에서 뒤쪽으로 깍지낀 팔을 위쪽으로 들어 준다.
4) 숨을 크게 들이 쉰 다음 두발을 모으고 양손으로 엉덩이를 쓸어 내리듯이 밑으로 내린다. 목을 아래로 떨구어 상체를 구부린다. 양손으로 양 발목을 잡도록 애쓴다. 이때 무릎이 쭉 펴져야 한다. 끝으로 천천히 몸

을 일으킨다.
5) 발을 모은 상태에서 왼발을 뒤로 뺀고 상체를 곧게 한 다음 양손을 오른쪽 무릎에 놓고 왼발의 발바닥이 바닥에서 떨어지지 않을 정도로 밀어 준다. 발을 바꾸어 한다.
6) 발의 보폭을 자신의 어깨넓이의 2배로 벌린 다음, 양 무릎에 손을 대고 오른쪽 어깨를 왼쪽 무릎에 닿게 하는 자세를 취한다. 왼쪽으로 바꾸어 한다.

다음은 앉은자리에서 가볍게 할 수 있는 것들이다.

1) 주먹을 꽉 쥐었다가 재빨리 손가락을 힘주어 펼친다.
2) 어깨를 움츠린 다음 긴장을 풀어 준다. 어깨를 좌우로 돌려 준 다음 천천히 어깨를 당기면서 호흡을 들이마시고 천천히 내리면서 호흡을 내쉰다. 다음 어깨를 위아래로 들썩거리며 흔들어 준다.
3) 가슴은 펴면서 어깨를 약간 들어올린다. 손가락을 머리 위에서 깍지낀 채로 쭉 펴고 좌우로 흔들어 준다.
4) 목운동은 목을 한쪽 방향으로 움직여 주는데 귀가 어깨에 닿는다는 느낌으로 붙여 준다. 천천히 움직이고 바꾸어 한다.

이렇게 매일 짬짬이 운동을 하면 스트레스 해소는 물론 혈액순환과 소화불량에 적지 않은 효과를 볼 수 있다.

3. 몸과 마음에 휴식을 주는 웃음요법

긴장완화와 스트레스 해소의 치료법으로 가장 쉬운 것으로 웃음요법을 들 수 있다. 이미 세계 여러 나라에서 통증, 류마티스, 심장병 환자들에게 재미있는 비디오를 보여 주거나 웃음을 유발시켜 치료하는 방법을 채택하여 효과를 본다고 한다.

영국 웨스트 버밍햄 보건국은 '웃음소리 클리닉'의 개설을 허가하여 웃음을 질병 치료법으로 인정하였다. 큰 소리로 웃으면 엔돌핀의 분비가 촉진되어 통증을 없애 주며 (모르핀보다 200배의 효과가 있다) 면역능력과 병균에 대한 저항력을 강화시킨다고 한다.

그 외에도 혈압을 낮춰 주고, 혈액순환을 도우며, 위장운동을 활발하게 하고, 백혈구의 생명력을 강화시킨다는 연구결과가 나왔다. "웃음은 내적 조깅"이라는 서양속담처럼 1분을 웃으면 에어로빅 5분의 효과가 있다고 한다. 배꼽을 쥐고 온몸을 흔들며 웃는 웃음은 그야말로 전신운동과 같기 때문이다. 웃는 사람의 피를 뽑아 분석한 결과 암세포를 공격하는 '킬러세포'가 생

성되어 있다는 연구결과가 발표된 바 있다. "웃으면 복이 온다"는 옛말이 과학적으로 입증된 셈이다.

인도에도 명상법으로 인도의 전통요가와 웃음요법을 결합한 래핑요가가 널리 행해지고 있다. 사람들이 모여 10분에서 20분 동안 폭소를 터뜨리는데 초보자는 연습이 필요할 쉽지 않은 일이라고 한다. 언젠가 TV에서 보고 나도 아침마다 3분 정도 거울 앞에서 미친 듯이 웃곤 하였다. (뱃살 빼는 데 도움이 된다)

하루를 여는 아침에 간단한 스트레칭을 하고, 5분 정도 온몸이 흔들릴 정도로 웃는 습관을 만들면 삶이 아침햇살처럼 반짝거릴 것이다.

D. 독신이 평소에 할 수 있는 간단 건강법

1. 독신의 내 몸 사랑법으로 피로를 푼다

요즘 시내 곳곳에 경락마사지 센터가 호황을 이루고 있다고 한다. 경락은 기혈의 통로이기 때문에 경락 마사지가 탁월한 효과를 보인다.

1) 얼굴 경락 마사지는 집에서 간단하게 해도 건강과 미용효과를 충분히 볼 수 있다. 먼저 양손의 엄지손가락과 나머지 손가락을 벌린 후 머리를 앞에서부터 지긋이 눌러 준다. 양손의 엄지손가락을 벌린 상태에서 각각 주먹을 쥐어 눈썹이 시작되는 부분을 엄지손가락으로 눌러 준다. 다음은 눈 밑의 뼈 부분을 검지손가락의 측면을 이용해서 눌러 준다. 주름 예방의 효과가 있다. 관자놀이를 양손의 검지손가락과 중지손가락 끝으로 원을 그리며 자극한 다음, 양손의 검지손가락과 중지손가락 사이에 귀를 끼우고 상하로 강하게 자극한다. 그런 다음 두 손을 비벼 열을

낸 뒤 얼굴에 대고 (손을 반원형으로) 눈썹부터 천천히 문지른다.

2) 발마사지는 발이 인체의 축소판으로 해부학적 구조와 일치한다는 이론에 따른 것이다. 매일 30분씩 잠자리에서 하면 운동이 부족한 사람에게는 큰 도움이 된다. 먼저 반가부좌의 자세를 한 다음 양손의 엄지손가락으로 왼발부터 발가락을 하나씩 앞뒤로 움직이다 찢듯이 벌려 준다. 그 다음 발가락 기둥들을 주물러 주고, 왼손으로 왼발을 감싸 쥐면서 오른손을 주먹 쥐고 왼쪽 발바닥의 움푹 들어간 곳(용천혈)을 두드려 준다. 다음은 양손으로 왼발을 골고루 꼭꼭 눌러 주면서 왼쪽 무릎을 세워 왼쪽 발바닥이 바닥에 닿게 한 뒤, 왼손으로 무릎을 잡고 오른손으로 발목에서 발가락이 갈라지는 지점까지 엄지손가락을 제외한 네 손가락으로 싹싹 문질러 준다. 이러한 동작은 체했을 때 효과가 있다. 또 주먹을 쥔 상태에서 손가락 마디로 비벼 주면 훨씬 시원함을 느끼게 된다. 발을 바꿔서 한 다음 발바닥을 마주해 비벼 준다. 허리를 쭉 편 다음 엉덩이부터 발목까지 천천히 양손으로 주물러 준다.

3) 내 손으로 내 몸 안마하기는 반가부좌의 자세(허리를 쭉 펼 수 있기 때문)에서 오른손으로 왼쪽 어깨부터 아래로 천천히 주물러 주는 것이다. 특히 목 뒷부분을 꾹꾹 눌러 주면 좋다. 같은 동작을 바꿔서 한 뒤, 두 다리를 쭉 펴고 허벅지와 다리를 왼쪽부터 양손으로 주물러 준다.

4) 두드리기는 머리부터 시작한다. 머리는 손가락으로 톡톡 두드려 준다. 어깨와 팔은 반대 손으로 주먹을 쥐고 위에서 아래로 두드려 준다. 다리는 양손을 주먹 쥐어 고관절에서 발목까지 두드려 준다. 위장병과 뱃살에는 아랫배 두드리기가 효과 있다. 먼저 숨을 들이마심과 동시에 어깨를 일으키면서 두 주먹으로 배를 두드린다. 한번에 30번을 두드린 다

음 조용히 숨을 내쉬고 바닥에 등을 대고 누워 편히 쉰다. 5회 정도 반복한다.

5) 가슴 마사지는 반가부좌의 자세에서 허리를 펴고 양손을 가슴에 댄 다음(명치 부근) 위아래로 문질러 준다. 다음으로 유방 밑의 뼈와 옆구리의 뼈들을 꾹꾹 눌러 준다. 소화불량에 효과가 좋다.

6) 손마사지는 가장 간편하면서 효과를 빨리 볼 수 있는 방법이다. 핸드크림을 바르고 해도 좋다. 우선 양손바닥을 서로 비벼 열을 내 준다. 그리고 오른손으로 왼쪽 손등과 손가락을 하나씩 눌러 준다. 손바닥도 누른 다음 손가락들을 하나씩 직각이 되게 당겨 준다. 손가락 기둥을 눌러 준 후 오른손 검지손가락과 중지손가락에 하나씩 끼워 당겨 준다. 손목에서 손가락 갈라지는 지점까지 차례로 비벼 준다. 손을 바꿔서 한다. 다음은 양손을 주먹을 쥐었다 쫙 편다. 하나씩 접어 주먹을 만들고, 아기들이 잼잼 하듯 한다. 양손을 깍지낀 채 폈다 오므렸다를 반복한다. 이 같은 동작이 끝나면 양손을 비스듬히 해 털어 준다.

중요한 것은 내 몸 사랑법은 기분이 나쁜 상태에서 하면 효과가 없다는 것이다. (내 경험에 의하면 시원해지는 것이 아니라 오히려 아프기만 하였다) 하루를 정리하면서 수고한 나의 몸에게 감사하는 마음으로 한다면 건강미인, 건강미남이 될 것이다.

2. 요즘 유행하는 신토불이 건강법

내가 건강에 극성을 떨면서 나의 몸은 좋아졌고 머리는 맑아지고 정신은 강건해졌다. 피부도 고와지고 심신이 편안해진 것이다. 그러면서 느낀 것이 인간은 자연의 한 구성원으로 자연의 법칙에 순응하는 것이 건강하게 사는 길이라는 사실이었다.

나는 집 구석구석에 숯을 두고, 목초액으로 생선을 말리고, 황토 사우나도 다니며, 쑥으로 좌욕 찜질도 한다. 그런가 하면 짜장면에 짬뽕 국물을 먹던 습관을 버렸다. (중국집에 가 본 지 오래다) 그리고 매일 TV보는 시간에는 대나무 봉으로 온몸을 두드린다. 물론 식생활도 자연식을 위주로 하고 일주일에 4일 이상 운동을 다닌다. 건강도 노력하는 사람만이 지킬 수 있다고 생각한다. 여기에 소개되는 것 중 한두 가지만 열심히 해도 질병예방에 큰 도움이 될 것이다.

1) 숯은 흡착성, 해독성, 환원성이 뛰어난 것으로 알려져 있다. 참숯은 구

이용이나 집 안의 공기정화로 이용되고 있다. 붉은 소나무로 만든 숯가루를 복용하여 난치병을 고친 경우도 많다고 한다. 체내의 독을 제거하는 효과로 소화장애, 식중독에 좋다고 한다. 정수기의 필터로 사용하는 활성탄의 원료가 바로 이 숯이다. 나는 숯을 쪼개어 화분에 몇 개씩 박았는데 겨울에도 잘 자라는 것을 보고 놀랐다. 유기농 전문점에서는 숯비누, 숯치약, 숯팩 등을 팔기도 한다.

2) 목초액은 숯을 만드는 과정에서 나오는 연기를 액체로 하여 얻은 것이다. 식용과 생활용으로 구분되어 있고 식용은 원액 1cc에 물 100cc의 비율로 희석하여 먹으면 피로가 금방 풀린다. 하루에 두세 번 목초액을 바르면 무좀 치료가 빠르다. 이 목초액을 생선을 굽거나 말리기 전에 뿌리면 비린내가 없어진다. 복용을 통해 만성 간질환, 해독작용, 소화불량 및 변비가 개선된 사례가 많다고 한다.

3) 황토는 정화작용과 원적외선 방출로 신진대사와 혈액순환을 돕는다. 몇 년 전 겨울에 황토로 지은 집에서 하룻밤 묵은 적이 있었다. 다음날 여자들이 이구동성으로 몸의 피로가 확 풀렸다고 했다. 황토 찜질방이 인기를 끄는 이유가 여기에 있다.

4) 쑥은 여성에게 특히 좋은 것으로 알려져 왔다. 약재상에서 구입하여 잘게 썰은 후 들통에 푹 삶아 그 물을 욕조에 붓고 나머지는 베 보자기에 넣어 담가두고 목욕을 하면 좋다.

5) 음양감식법은 이상문 선생이 정립한 이론으로 위장병 환자에게 적극 권하고 싶다. (내 자신과 주변 사람들이 효과를 많이 보았기 때문이다) 쉽게 말하면 밥 따로 물 따로 먹어야 건강하다는 이론이다. 식탁에서 국을 치워야 하는 이유는 밥은 양陽이고, 국이나 물은 음陰이기 때문에 국

이 위장의 소화작용을 방해하여 불완전 연소된 음식이 장에 남아 가스를 배출한다는 것이다. 식사 전후 2시간은 물을 먹지 않는 것이 좋다고 한다.

간식은 식사시간에 함께 하고, 밤 10시 이후에는 아무 것도 먹지 않아야 하며, 음식을 조금씩 감식하여 위와 장의 부담을 덜어야 영적으로 맑아진다는 이론이다. 국물이 없으면 목이 메일 것 같은 습관을 고치자 맨날 꺽꺽대며 트림하던 것이 없어지고 소화도 훨씬 잘 되는 것이었다. 식사 때 국물이나 물을 안 먹으니까 음식을 꼭꼭 씹어 먹게 되고 (침을 섞어) 반찬은 자연적으로 야채에 손이 가게 되는 것이다. 또 식당의 국이나 찌개는 설탕과 조미료가 많이 들어가는 것이 보통인데 안 먹으니까 건강에 도움이 된다.
만족한 독신생활의 첫걸음은 몸과 마음의 건강에서 시작되는 것이다.

제7장

독신의 집 구하기

1. 전 · 월세 구하기

독신이 거주할 집을 구할 때는

1) 직장에서 너무 멀지 않은 곳을 선택해야 한다. 출퇴근으로 1시간 이상을 소요하는 것은 시간과 체력의 낭비이기 때문이다.
2) 유흥가의 오피스텔이나 원룸은 피하는 것이 좋다. 독신의 주거환경으로 안전성에 문제가 있다. 또한 골목 끝이나 외진 곳에 있는 집은 피하는 것이 좋다.
3) 인터넷을 이용하여 정보를 얻더라도 여러 사이트에서 비교를 해 본 뒤 직접 대상 지역의 부동산에 문의하는 것이 확실하다.
4) 임대 계약서는 되도록 부동산을 통해 작성하는 것이 안전하다.
5) 계약서를 작성 하기 전에 가능한 그 동네의 사정을 잘 아는 사람에게 집주인의 경제적 능력에 대한 것을 물어 보는 것이 좋다. (대개 동네 슈퍼 주인은 정보통이다) 등기부 등본의 내용 외에 개인 사채가 많거나 세입

가구가 많을 때는 전세 보증금을 받지 못하는 경우도 생기기 때문이다.
6) 시세에 비해 지나치게 싼 집은 일단 의심을 해 봐야 한다. 분명히 문제가 있을 가능성이 많으므로 피하는 것이 좋다.
7) 집을 보러 갈 때는 친구와 함께 동행하는 것이 좋다. 내가 발견하지 못하는 점을 지적할 수 있기 때문이다. 되도록 반지하 주택은 피하는 것이 상책이다. 채광, 습기, 환기 등으로 건강에 좋지 않다.
8) 거주할 집의 주변환경도 살피고 채광과 소음, 가스 보일러의 상태, 벽지(특히 천장을 보고 비가 새는지)와 장판 상태 등을 확인한다. 화장실의 변기, 샤워기, 수납장이 파손된 곳이 없는지 살핀다. 수리가 꼭 필요한 경우에는 계약서에 그 내용과 기간을 명시하는 것이 분쟁의 소지가 없다.

몇 년 전에 있었던 일이다. 시내 중심이면서도 조용하고 나무가 많아 독신의 주거지역으로 최상인 동네에 집을 얻었다. 낡은 3층 건물의 2층 독채였다. 이사한 때가 7월이었는데 얼마 후 장마철이 되자 천장 곳곳에서 비가 새는 것이었다. 게다가 화장실에서는 녹물까지 나왔다. 급하게 집을 구하느라 꼼꼼히 살피지 않았던 것이다.

집주인에게 여러 차례 이야기했으나 장마 끝나고 고쳐 주겠다며 차일피일 미루다가 (집주인은 다른 곳에 거주) 겨울이 되도록 아무 연락이 없었다. 게다가 기름 보일러라 연료비가 엄청났다. (그 해 겨울은 기름값이 한창 비쌀 때였다) 그러다 1층에 사는 사람이 이사를 가면서 나더러 빨리 집을 옮기라고 귀띔을 해 주었다.

은행에 저당 잡힌 돈과 세입자들(5가구) 보증금을 합치면 집값이 거의 다

된다는 것이다. 자기도 계약 만료 1년 만에 간신히 보증금을 받았다고 했다. 결국 7개월 만에 이사를 했다. (그래도 싱크대, 화장실 등을 리폼한 덕에 집이 쉽게 나갔다)

아는 후배가 3년 전에 빌라의 반지하로 이사를 했다. 16평이라 혼자 살기에 적당한 규모였고, 건물도 깨끗해 보였다. 그런데 좁은 골목을 사이에 두고 맞은 편에도 5층짜리 빌라가 있어 채광이 전혀 안 되는 상태였다. 후배 말로는 아침마다 출근하는 사람들의 발소리에 잠이 깨고, 낮에는 아이들 떠드는 소리 때문에 혈압이 오른다고 했다. 게다가 골목의 각종 쓰레기와 개똥으로 인한 악취 때문에 여름에는 창문도 못 열고 지냈다는 것이다. (그 골목에는 맞벌이 부부가 많아 보통 늦게들 귀가하고 그런 문제는 무신경하게 살고 있다고 했다) 결국 6개월 만에 이사를 했다. 이사날짜를 맞추느라 급하게 집을 얻어 낭패를 보았던 것이다. (한번 이사하면 경제적 손실이 크다. 양쪽 중개료에 이사비용뿐 아니라 이사한 후에는 여기저기 조금씩 손질을 하느라 과외 비용을 쓰게 된다. 보통 100만 원 가까이 든다) 그후로 그녀는 절대 반지하는 얻지 않겠다고 했다.

2. 등기부 등본 확인과 주택임대차 계약시 유의사항

독신으로 살면서 꼭 알아야 할 문제가 주택임대와 관련된 법률상식이다. 법에 무지하고 무관심한 대가로 몇 천만 원이라는 거금을 하루아침에 날리는 경우가 종종 있기 때문이다. 계약시 세입자가 유의해야 할 사항은 다음과 같다.

1) 구할 집의 등기부 등본을 열람하는 일이다. 인터넷의 대법원 홈페이지에 접속하면 (그 집의 주소를 알아야 한다) 열람이 가능하며, 보통 부동산 중개업자에게 등기부 등본을 떼어 달라고 하면 된다. (등기부 등본은 관할 등기소에 가서 신청을 하면 뗄 수 있다) 등기부 등본에는 법적 소유자의 이름과 주민등록을 비롯하여 근저당권, 가등기, 가압류, 가처분 등의 권리 관계가 표시되어 있다. 보통 은행이나 새마을금고 등에 근저당권이 표시된 경우가 많다. 그럴 경우 얻으려는 집의 실 매매가(복덕방에서 거래되는 시가)와 저당된 금액, 거주하고 있는 세입자 가구들의 전

세금 총액, 자신의 전세금 등을 따져봐야 한다.
2) 계약서는 부동산 중개업자를 통해 하는 것이 안전하지만 전세금의 금액이 적거나 아는 사람이 소개한 경우에도 계약서는 3통을 작성하는 것이 좋다. 계약자가 등기부상 본인인지 주민등록증으로 확인하고 대리인(보통 등기권자의 부인)의 경우는 주민등록번호를 옆에 적는다. 계약서에는 단서 조항을 넣는 것이 분쟁의 여지가 없다. 시설상태 및 수리여부, 위약 및 계약해지 등을 기입한다. 계약금은 보통 보증금의 10%를 지불하며 임차인이 위약한 경우에는 돌려 받을 수 없고 임대인의 위약 시에는 계약금의 2배를 지불하게 되어 있다. 해약의 경우 중개 수수료는 지불하지 않는다.
3) 세입자가 보증금의 잔금 지불은 전입자의 이사를 확인한 후 전입자의 공과금 영수증과 집 열쇠를 받으면서 한다. 전기세, 상하수도세, 가스요금, 오물수거료 등에 대한 영수증을 받지 않다가 체납금을 물어야 하는 경우도 적지 않기 때문이다. 중개 수수료는 잔금 지불하면서 준다. 비용은 주거용 임대차의 경우에 보통 0.5%를 적용한다. 3,000만 원이면 15만 원이 된다.
4) 계약기간이 만료되어 계약을 해지하고 보증금 반환을 청구하려면 기간 만료 1개월 전에 집주인에게 해지통보를 구두, 혹은 문서로 해야 한다.
5) 월세인 경우 계약기간이 만료되었으나 보증금을 반환받지 못하여 계속 거주하는 경우에도 나갈 때까지 월세를 지불해야 한다.
6) 월세가 2회 이상 연체된 경우에는 주택임대차보호법의 보호를 받을 수 없다.

얼마 전 27세의 여자 후배에게서 4층짜리 단독 주택의 옥탑방을 보증금 500만 원에 월세 30만 원에 구했다는 전화가 왔다. 옥상에 화분도 많고 부엌도 넓다고 좋아했다. 그 동네 사는 친구가 소개해 줬단다. 그래서 내가 그녀에게 등기부 등본은 봤냐고 했더니 그것이 뭐냐고 묻는 것이었다. 쉽게 말해 집문서에 대한 법적 내용이라고 설명해 주면서 열람을 해 보라고 이야기해 줬더니 (인터넷 대법원 사이트에서 찾으라고) 다음날 걱정스런 목소리로 전화가 왔다. 건물 등기부 등본에는 옥탑방에 대한 내용은 없고 물탱크용이라고 표시되어 있다는 것이었다. 아는 법무사에게 그런 경우에 임대차보호법의 보호를 받을 수 있냐고 문의를 했더니 임대인이 방으로 개조하여 임대하고 실제로 주거용으로 사용하면 보호받을 수 있다고 이야기해 줬다. (대신 임대차 계약서와 확정일자를 받은 것이 있고 월세가 2회 이상 연체되지 않은 경우에 그 대상이 된다는 것이다)

1) 가등기　부동산물권의 변동을 목적으로 하는 청구권을 보전하려고 할 때 장래의 본등기를 위하여 미리 그 순위를 확보하기 위해서이다.

2) 가처분　채무자가 그 재산을 처분하지 못하도록 임시로 재산을 묶어두는 절차의 하나다.

3) 가압류　일반적으로 채권자의 신청만을 가지고 법원이 결정을 내린다. 채무자의 강제집행을 보전하기 위해 그 재산을 임시로 압류하는 법원의 처분을 말한다.

3. 전세보증금에 대한 법적 권리를 확보하기

예전에는 집주인(임대인)과 세입자(임차인)의 법적인 관계에서 세입자가 불리하였다. 그러나 1999년에 개정된 주택 임대차보호법은 약자인 세입자의 권익을 강화하고 보호하는 데 그 특징이 있다. 하지만 이 법의 보호를 받기 위해서는 일정한 요건이 필요하다. 독신에게 전 재산에 가까운 전세보증금에 대한 법적권리를 지키기 위한 방법으로는 다음의 3가지가 있으나, 보통 특별한 하자가 없으면 확정일자만 받으면 된다.

1) 확정일자를 받고 전입신고를 하기 위해 동사무소에 갈 때 임대차계약서를 같이 제출하면 담당자가 계약서에 확정일자인을 찍어 준다. 확정일자는 보증금 반환청구소송이나 민사조정, 경매시 전세보증금을 변제받을 수 있는 권리가 생긴다. 그러나 확정일자보다 앞선 가압류, 압류, 저당권이 있을 경우 경매시 낙찰자에게 보상을 받지 못한다.
2) 전세권 설정등기는 확정일자보다 더 강한 전세권리로 반드시 집주인의

동의가 있어야 하고(집주인의 동의, 인감증명, 주민등록등본, 도장) 비용도 비싸다. 대략 전세 보증금의 0.5% 정도 든다. 그러나 등기부 등본에 전세권에 대한 내용이 명시되고 등기하는 즉시 효력이 발생한다. 집주인이 전세보증금을 반환하지 않을 때 직접 집을 경매에 부칠 수 있는 권리가 생긴다. 일반적으로 집주인은 동의해 주지 않는다.

2002년 3월 14일에 K씨는 전세 보증금 4,500만 원짜리 집으로 이사를 하고 주민등록 전입신고를 한 다음날 확정일자를 받았다. (계약 당시에 S씨 명의로 1,000만 원에 근저당이 되어 있었다) 그런데 그날 500만 원이 L씨 명의로 저당권 설정등기가 되어 있었다. 불안한 마음에 법률상담을 받았다. 이런 경우 L씨와 자기 중 누구에게 우선순위가 있느냐고 물었더니 동순위라는 답변을 들었다. 전세보증금 우선 변제권은 전입신고 다음날 발생하기 때문이다. 주택임대차 보호법 제3조에 '익일'은 다음날 오전 0시부터를 말한다. 물론 법적인 1순위는 S씨이다.

3) 주택임대차 신용보증보험은 세입자가 계약만료 후 30일이 지나도 전세금을 돌려 받지 못했을 때 보험사가 대신 전세금 전액을 지급해 주는 보험이다. 계약일로부터 5개월 이내에 가입해야 하고 가입기간은 전세계약기간에 30일을 추가한 날까지이며 보험금은 2년일 때 전세금의 1%가 된다. 가입조건은 주거용 건물로 임차 면적이 40평 이하이며 대상주택에 압류, 가처분, 가등기 등이 설정되어 있지 않고 근저당 선순위 채권이 추정 시가의 70% 이하인 경우이다. 제출서류는 전입 신고한 주민등록 등본 1통, 건물 등기부 등본 1통(단독주택은 토지분과 같이), 확정일자가 찍힌 전세계약서 1통과 거주지 인근 중개업소의 전화번호

가 필요하다.

P씨는 2003년 1월 20일에 원룸을 전세 3,500만 원에 입주한 후 지방출장과 바쁜 업무로 전입신고를 10일 뒤에 했다. 확정일자도 받아 안심을 했다. (등기부 등본이 깨끗했기 때문에) 그런데 나중에 등기부를 열람하니까 집주인이 은행에 4,000만 원을 저당잡힌 것으로 명시되어 있었다. 설정날짜가 P씨의 전입신고 며칠 전으로 되어 있었다. 법적으로 나중에 그 건물에 경매절차가 실시되면 낙찰자에게 대항을 할 수가 없게 된 것이다. 전입신고와 확정일자를 계약서의 잔금일과 같이 하는 것이 안전하다. 법은 모르면 모를수록 손해보기 쉽다.

4. 전세금 반환소송은 어떻게 신청하는가?

　전세금 반환청구 소송은 집주인이 전세금을 돌려주지 않을 때 하는 것으로 법원에 소장을 제출하고 2~3개월이면 판결문과 송달문을 받는다. 대부분은 집주인이 돈이 없기 때문에 강제집행을 신청해서 경매하고 잔금 납입까지 3~4개월 가량 걸리다 보니 돌려 받기까지는 6개월 정도 걸린다. 보통 법무사에게 의뢰를 하는데 보증금 5,000만 원이면 송달료(내용증명을 몇 차례 보낸다), 인지대, 누진세, 수수료 등이 대략 40만 원 정도 든다. 재판은 10분 안에 끝난다.
　법원의 판결이 내려지고도 전세금을 돌려주지 않으면 법원에 신청하여 강제집행을 신청할 수 있다. 전세금 반환소송보다 시간도 빠르고 절차가 간편한 것이 민사조정이다.
　민사조정은 법원에 비치되어 있는 민사조정 신청서를 작성해 접수하면 일주일에서 2주일 안에 조정기일이 임대인과 임차인에게 통보되어 판사 입회 하에 협의를 한다. 이 조정안은 확정판결과 같은 효력을 갖게 된다. 만약 이

조정안에 명시된 기일까지 임대인이 전세금을 지급하지 않으면 바로 강제집행에 들어갈 수 있다.

1) 주택임대차 보호법 제6조 '묵시적 갱신'

A씨는 2001년 3월 20일에 8평되는 원룸을 전세 3,500만 원에 입주해서 살았다. 계약만료일인 지난 3월 20일이 지나도 집주인으로부터 아무런 통보가 없었다. 그러다 개인사정으로 이사를 해야 했다. 2003년 6월에 집주인에게 전세금을 돌려달라고 하자 계약이 자동연장 되었으니 돌려줄 수 없다는 것이다. 법률상담을 했더니 주택임대차 보호법 제6조 2항 '묵시적 갱신의 경우의 계약해지'에 따라 임대인에게 해지통고를 한 날로부터 3개월이 지나야 돌려받을 수 있다는 답변을 들었다.

2) 임대차 계약해지와 민사조정

H씨는 2002년 12월, 오피스텔 건물 2층에 있는 10평 짜리를 전세 6,500만 원에 얻었다. (당시 시세보다 싸게 구했다) 전입신고와 확정일자도 받았다. 그러나 입주 후 여러 가지가 불편했다. 공기순환도 안 되고 1층에 있는 식당들 때문에 음식냄새뿐 아니라 바퀴벌레로 신경이 곤두섰다. 호흡기 질환이 있던 그는 임대차 계약의 해지를 집주인에게 청구했으나 (임차주택의 하자를 이유로) 집주인이 응하지 않자 민사소송을 신청하였다.

3) 전세금 반환과 손해 배상

Y씨는 단독주택의 2층 독채를 2년 계약으로 전세 5,000만 원에 살고 있다. 2003년 6월 30일로 계약기간이 만료되었는데 5월 초에 집주인에게 이사를 간

다고 했다. 그리고 보증금을 돌려주겠다는 집주인의 말만 믿고 다른 곳에 자기 돈으로 계약금 300만 원을 걸었다. 그런데 약속날짜에 보증금을 받지 못해 계약이 파기되고 300만 원은 받지 못했다. 현재 집주인을 상대로 손해배상 청구소송을 한 상태이다. 민법 제 390조의 '채무 불이행과 손해배상'에 해당한다는 것이다.

5. 개정 임대차보호법의 내용

1999년 3월부터 시행된 개정 임대차보호법의 특징은 임차인(세입자)의 권익을 강화했다는 점이다. 그 내용은 다음과 같다.

1) '임차권 등기명령'을 통해 주택의 점유와 주민등록이 없더라도 임차인의 대항력과 우선변제권이 유지되도록 한 점이다. 계약기간이 만료되었는데도 전세보증금을 돌려주지 않았을 때 이사를 가도 전세보증금을 돌려 받을 수 있게 된 것이다.
2) 임차인이 경매를 신청한 경우 집을 비워주지 않아도 되게 함으로써 임차인의 경매 신청권을 실질적으로 보장했다.
3) 임대차보증금 반환청구소송에 소액사건심판법의 일부 조항을 준용함으로서 소송절차가 신속히 진행되도록 했다. 보통 2~3개월 내에 마무리 된다.
4) 임대차 계약기간을 2년 이하로 약정할 수 있도록 했다. 이 경우 임대인

은 2년 이하를 주장할 수 없으나 임차인은 2년의 약정기간(계약서에 1년으로 되어 있어도)을 보장받을 수 있게 하여 임차인의 권익을 강화하였다. 하지만 월세의 경우 2회 이상 연체시에는 이 법 조항의 보호를 받지 못한다.

그러면 '임차권 등기명령'이란 무엇인가? 그 내용은 계약기간이 만료되었는데도 보증금을 반환 받지 못한 임차인(세입자)이 주민등록을 전출했거나 이사를 가도 보증금을 받을 수 있는 제도를 말한다. 그러나 다음의 조건을 구비해야 한다. 먼저, 계약기간이 만료되어야 신청할 수 있다. 또한 임차권등기명령을 신청한 임차인은 반드시 등기소에서 임차권등기가 되었는지 직접 확인한 후 이사를 해야 대항력을 보장받을 수 있다. 임차권등기는 약 2주일 정도 소요된다. 그리고 미등기 건물에는 임차권 등기를 할 수 없다.

비용은 등록세를 비롯하여 3만 원 미만이다. 다음으로 '소액임차보증금 우선변제권'이 있는데 세입자가 전세권 설정등기나 확정일자를 하지 않았을 때 선순위 채권과 관계없이 우선적으로 변제 받을 수 있는 권리를 말한다. 그러나 임차등기를 마치고 이사 간 사람의 권리가 먼저 보장된다는 것을 알아야 한다.

2001년 15일 개정된 주택임대차보호법 시행령에서 규정하고 있는 소액임차권의 범위가 있다. 2001년 9월 19일(담보권 설정일)이후는 수도권 중 과밀억제권역은 4,000만 원이하는 1,600만 원을 최우선적으로 변제 받을 수 있다. 광역시(인천 제외)는 3,500만 원 이하 1,400만 원을 기타 지역은 3,000만 원 이하 1,200만 원을 받을 수 있다.

1) 과밀억제권역

서울특별시, 인천광역시(강화군, 옹진군, 중구 운남동, 운북동, 운서동, 중산동, 남북동, 덕교동, 을왕동, 무의동, 서구 검단동, 연수구 송도 매립지, 남동 유치지역을 제외) 의정부시, 구리시, 남양주시(호평동, 평내동, 금곡동, 양정동, 지금동, 도농동에 한한다), 하남시, 고양시, 수원시, 성남시, 안양시, 부천시, 광명시, 과천시, 의왕시, 군포시, 시흥시(반월특수지역 제외)

2) 근저당이 설정된 주택의 전세금반환 방법

H씨는 현재 전세보증금 4,000만 원인 빌라에 살고 있다. 계약은 2001년 9월로 되어 있고 전입신고와 확정일자를 받았다. 그런데 작년 3월에 집주인이 바뀌었고 은행에 4,500만 원에 근저당이 설정되었다. 2003년 9월 20일이 계약 만료인데 8월에 임대아파트에 입주하게 되어 (분양을 받아) 지난 6월에 그런 사정을 집주인에게 이야기하였더니 돈이 없으니 부동산에 내놓아 빼서 나가라는 것이었다. 그런데 근저당설정에 압류(세금 미납)까지 된 상태라 들어올 사람이 없어 속을 끓였다. 법무사에게 상담을 하였다. 답변은 보증금을 받을 때까지 입주날짜를 늦추고 주민등록도 그대로 두었다가 계약기간이 끝나면 임차권 등기신청을 하고 그래도 반환하지 않으면 반환금 청구소송을 해 지급명령을 거치면 경매에 부쳐 돌려 받는 방법이 있다는 것이었다.

3) 계약기간 끝나고 가처분신청이 들어온 주택의 전세금반환

L씨는 1999년 11월에 전세 5,000만 원에 계약을 하고 단독 2층에 입주를 하여 현재까지 살고 있다. (1층에는 월세로 3가구가 살고 있다) 그는 전입신고와 확정일자를 이사 즉시 하였다. 2001년 10월에 계약기간이 끝나면 이사하

겠다고 집주인에게 통보를 했더니 기다려달라는 대답을 들었다. (겨울에는 집이 잘 안나가니까 등등의 이유로) 2001년 12월에 집주인이 집을 담보로 3,000만 원의 대출을 받은 사실을 알게 되었다. 얼마 전 은행에서 가처분신청이 들어와 (계속된 연체 등으로) 밤잠을 설치던 그는 법원의 법률상담실에 문의를 했다. (전세금 날릴까 걱정이 태산이었다)

이런 경우에는 지급명령이나 보증금 반환소송을 제기하면 승소를 하고, 그런 뒤 경매를 신청할 수 있다는 답변을 들었다. 만약 은행에서 경매를 신청하면 법원에 배당요구 신청을 요구하라고 했다. (1순위로 받는다고 했다) 만약 배당 받기 전에 이사를 해야 할 사정이 생기면 법원에 임차권등기명령을 신청한 후 등기가 되었는지 확인을 해야 (약 2주일 소요) 대항력이 있다는 부연설명을 들었다.

6. 이사할 때 유의사항

독신으로 살면서 심리적으로 위축될 때가 이사할 무렵이다. 세간살이가 얼마 없는 것 같아도 막상 짐을 싸보면 보통 일이 아니다. (어떤 때는 한숨이 푹푹 나온다) 우선 이사계획을 세워 체크사항을 일목요연하게 적어 놓는다. 그리고 하나씩 확인을 해 나간다.

먼저 이삿짐 센터(주로 아는 사람 소개로)에 연락을 해 놓고 동네 슈퍼 몇 군데를 돌며 빈 박스를 모은다. 그리고 며칠동안 조금씩 책, 옷, 그릇, 전자제품 등으로 분류하여 정리한다. 특히 중요하거나 파손의 우려가 있는 것들은 따로 챙기고 표시를 한다. 짐을 꾸릴 때 박스 표면에 내용을 잘 보이게 적어 놓으면 나중에 짐을 정리하는데 편리하다.

무엇보다 중요한 것(계약서, 보험증서, 통장, 공과금 영수증 등)은 특별히 신경을 써서 챙긴다. 이사하면서 계약서 등을 분실하여 낭패보는 일도 있기 때문이다. 우편물, 신용카드 주소변경, 신문 배달 등은 미리 연락을 해 놓는다. 가스밸브 잠그는 일도 그 전날 와서 할 수 있게 조치를 취한다. (이사하는 날

은 정신이 없는데 그날 방문하면 번잡하다)

버리고 갈 것 중 침대, 책상, 서랍장 등은 동사무소에 가서 신고필증 스티커를 사야 한다. 쓸 만한 것들은 미리 재활용품 센터에 처분을 하거나 필요한 사람에게 준다.

요즘은 포장이사를 하는 사람이 많은데 이때는 차량의 크기, 인원수, 서비스의 한도 등을 계약서에 명확히 적는다. 일반 이사의 경우에도 구두로 이야기한 것과는 다르게 차량을 작은 것으로 끌고 와 이중으로 일을 하는 것도 보았다. 또 대부분 담배 값 등을 이유로 웃돈을 요구하는데 그 부분도 미리 이야기하는 것이 좋다.

그런가 하면 가끔씩 주변에서도 이삿짐의 파손, 분실 등으로 분쟁을 겪는 일이 있다. 파손의 정도가 심할 때는 피해내용에 대한 확인서를 받아두는 일이 먼저다. 그리고 파손된 짐은 사진을 찍어두어야 한다.

만약 보상을 요구해도 차일피일 미루거나 책임을 회피할 때는 시, 군, 구 청민원실에 내용을 접수한다. 한편 소비자 보호센터에 고발하는 방법도 있다. 그러나 아직까지 이삿짐의 파손에 대해 적극적으로 보상을 제대로 해 줬다는 소리는 못 들었다. (그래서 미리 포장에 신경 쓰는 것이 안전하다) 예기치 못한 사정으로 계약을 취소할 때는 약정액의 10%를 배상해야 한다.

이사를 하고 가장 먼저 해야 할 일은 동사무소에 가서 전입신고와 확정일자를 받는 것이다. 반드시 전세계약서를 가지고 가야 한다. 이때 의료보험, 자동차 등록변경신고 등도 함께 한다.

이사를 한 뒤에는 손질해야 할 곳을 살핀다. 짐을 풀어 놓은 상태에서 하면 이중으로 힘들기 때문이다. 짐을 풀어 정리하는 것도 부엌용품부터 한다든지 순서를 정해놓고 하는 편이 쉽다. 독신은 대부분 원룸 형태에 거주하는 경우가 많다. 따라서 공간을 최대한 효율적으로 이용하려면 가구의 배치 등에 신경을 써야 한다.

  미리 준비하고 계획을 세우면 이사의 스트레스도 훨씬 줄어들 것이다.

제8장

독신이 꼭 챙겨야 할 생활정보

1. 좁은 원룸 넓게 쓰는 요령

　독신들의 주거형태는 원룸이 주류를 이루고 있다. 보통 원룸은 큰 방 하나에 다용도실과 욕실로 이루어져 있다. 따라서 공간의 효율적 사용이 넓게 쓰는 키 포인트라고 할 수 있다.
　먼저 공간 절약형 가구나 자투리 공간의 활용, 수납의 노하우가 기본이다. 내가 살고 있는 집도 원룸으로 되어 있는데, 그나마 옷장으로 쓸 수 있는 공간이 따로 분리되어 있어 (문이 달려 있다) 편리한 점이 있다. 내 경우는 짐이 많아 이사를 하면서 책장 하나(책까지)를 정리하였다. (이삿짐 센터 아저씨는 짐이 다 들어간 것이 신기하다고 했을 정도다)
　짐을 풀면서 가장 고민한 것이 가구의 배치였다. 더블 사이즈의 침대, 책장이 딸린 컴퓨터 책상, 2자짜리 책장 2개, 3자짜리 옷장, 거울 달린 입식 화장대, 다용도 식탁, 29인치 TV, 미니 오디오, 3단짜리 서랍장, 냉장고 등등……. 우선 침대의 배치를 한쪽 벽에 붙이고 컴퓨터 책상을 가운데 놓아 주방과 침대 쪽을 분리하였다.

컴퓨터 책상과 직각으로 다용도 식탁(폭이 좁은 3/2 타원형)을 배치하였으며, 식탁 의자는 화장대용(서랍이 4개, 미니 수납장이 달려 있다)인데 겸용으로 쓴다. (수납형 의자) 그리고 책장 2개는 현관 쪽에 서로 마주 보게 하였다. (싱크대와 나란히 붙인 책장은 그릇과 차, 국수 등 저장용품을 넣었다) 책장 위의 공간에는 안 보는 책들을 묶어 올려놓았다.

그 다음 옷방에는 조립형 행거를 (천장까지 올리고 2단에 옆에 걸이대가 부착되어 있다) 설치하고 한쪽 벽에는 4단 짜리 박스를 놓고 옷 수납을 하였다. 그리고 남대문 시장에서 철제네트를 구입하여 다른 쪽 벽에 걸었다. (가방, 수납 바구니 등을 걸면 편리하다) 그런 다음 옷 보관함 몇 개를 행거 밑에 두었다. 수납용으로 내가 가장 요긴하게 쓴 것은 칼라박스였다. 신발장 위에 3단짜리 박스를 2개 나란히 올려놓고 책과 잡다한 것들을 정리하였다. 그리고 침대 옆에는 서랍장을 놓고, 그 옆에 2단짜리와 3단짜리 박스를 나란히 올려 책꽂이로 만들었다. CD장은 벽면에 부착시켰다.

철이 지난 옷과 이불은 이불 압축팩(몇 개 있으면 공간 활용에 최고다)을 이용하여 밀봉한 뒤에 침대 밑에 넣었다. (접이용 사각 밥상, 찜질용 매트, 여행용 대형 가방 등 수납) 그렇게 대충 정리를 한 다음 싱크대 밑의 공간을 점검했다. 생각 끝에 2단 바구니를 구입하여 양념통을 수납하고 안 쓰는 파일 박스를 놓았다. (잡곡 등 수납) 그리고 가스레인지 후드 위의 수납장에는 18개 묶음 휴지와 화장지, 키친타월 등을 보관하였다.

욕실은 작은 수납장만 있어 욕실용품 넣을 공간이 없었다. (타월 15장 외에 목욕용품과 치약 등을 넉넉히 구입하기 때문에) 그래서 6단짜리 Y자형 수납대를 한쪽 벽면에 설치하였다. (좁은 욕실에 꼭 필요하다) 또 요긴하게 쓰는 것이 공기 압축용 벽걸이로 3종류(대·중·소) 사이즈를 몇 개 사면 욕실, 주방, 베란다 등에 편리하게 쓸 수 있다. 베란다에는 세탁기를 놓고 그 위에 선반을 짜서 수납을 하였다. 반대편에는 가스보일러가 설치되어 있어 아래에 투명 아크릴 상자(길에서 주웠다)를 놓았다. (잡동사니 놓기에는 좋다)

한편 좁은 집을 넓게 보이려면 벽지를 연한 베이지나 무채색 계통으로 한다. 오래된 가구는 밝은 색으로 리폼하고 전체적으로 칼라가 복잡하지 않아야 한다. 큰 창문에는 커튼보다 롤 스크린이나 얇은 천이 산뜻한 느낌을 준다. 전체의 조명은 밝게 하고 (주방 쪽은 형광등, 방 가운데는 삼파장 주광색이 좋다) 부분 조명을 같이 쓴다.

원룸에서 살면서 느낀 것은 필요는 발명의 어머니라고 늘어가는 살림(그래 봐야 책이지만)만큼 숨은 공간 찾기에 대한 감각도 예민해졌다는 점이다.

2. 건강과 재운을 위한 집 안 꾸미기

몇 년 전부터 각광을 받기 시작한 '행운의 인테리어'는 풍수사상에 근간을 두고 있다. 주택이 자리한 방위(동서남북)와 안방, 거실 등의 위치에 따른 기의 흐름을 따져 길흉을 논하는 것이다. 원룸의 경우 독신의 관심사인 건강과 재물운을 부르는 집 안 꾸미기를 어떻게 해야 할까? 전문가들의 이야기를 종합하면 다음과 같다.

행운을 부르는 첫 번째는 채광과 청결에 있다고 볼 수 있다. 집에 햇빛이 잘 들지 않으면 심리적으로 사람이 우울해지기 쉽다고 한다. 또 아무리 좋은 집이라도 지저분하고 더러우면 안정감이 없어지고 비위생적이라 건강을 해치기 딱 좋은 조건이 된다. 옛말에 집 안에 거미줄이 있으면 병자가 생긴다고 했다. (청결한 집에 거미줄이 생길 리 없다.)

몇 년 전 일이다. 35세인 그녀(예술가)의 집은 한마디로 커다란 잡동사니 박스였다. 빛도 잘 안 드는 방에는 늘 이불이 펼쳐져 있고, 욕실에는 시커먼 곰팡이가 꽃

을 피우며, 세면기에는 늘 때가 끼어 있었다. 프리랜서로 궁핍한 생활 때문인지 욕구불만에 찬 얼굴과 냉소적인 말투로 돈 많은 남자 찾기에 눈이 빨갰지만 '왕자님'은 커녕 보통 남자들도 그녀를 마녀 보듯 했다.

다음으로 둥근 가구와 노란색이 금전운을 부른다. 커튼은 흰색이나 자연섬유, 벽지는 연한 아이보리 색깔이 좋다. 가구는 나무색이나 연분홍이 좋다. 현관은 밝고 깨끗해야 금전운이 좋아지고 흰꽃이나 풍경화를 걸어 두면 행운이 온다. 집 안에 거울이 많은 것은 빛의 반사가 기의 흐름을 깨뜨리기 때문에 좋지 않다.

가전제품은 전자파의 발생으로 창가 모서리 쪽에 두고 한 곳에 나란히 두는 것이 좋으며, 머리맡에 두지 않아야 한다. 재물운은 부엌에서 시작된다. 옛날에는 부엌에 조왕신이 있어 집안의 안녕과 재산을 보호해 준다고 믿었다. (정한수라 하여 주발에 물을 담아놓고 지성을 드렸다)

주방은 정리를 잘하고 꽃이나 관엽식물, 작은 화초를 두는 것이 좋다. 붉은 색의 소품은 기의 흐름을 좋게 하여 건강에 이롭다. 욕실은 무엇보다 환기와 청결이 중요하다. 습기가 많은 장소라 위생적인 면에서도 신경을 써야 한다. 환기와 배수가 잘 되는 것이 기본이다.

욕실의 조명은 밝게 하고 흰색 타월이 있으면 흉한 기운을 막아 준다. 욕실용품은 따뜻한 색으로 비치한다. 욕실문 위에 붉은 색이 들어간 액자를 걸면 좋다. 침대에는 조그만 전구 등을 켜 놓는다. 집 안의 남서쪽은 기가 모이는 방위이므로 깨끗이 정리해야 한다. 그리고 장시간 외출했다 귀가하면 큰 창문을 활짝 열어 30분 정도 환기시키는 것이 좋다.

집 구석구석에 숯을 놓아두면 습기제거와 탈취, 나쁜 기운을 몰아낸다. 나는 저녁마다 아로마 향초를 켜거나 향을 피운다. (나쁜 기운을 쫓아준다고 믿기 때문이다) 향은 생선냄새를 없애는 데 효과적이다. 나는 행운은 욕심을 부리지 않고 노력하는 사람에게 온다고 믿는다. 그리고 집터의 복은 살고 있는 주인의 마음과 행위에 따라 달라진다.

38세인 독신남의 집에 몇 명이 놀러갔을 때였다. 거실에는 피난민 대열을 하고 있는 책더미에 가스레인지는 기름때가 쌓여 있었다. 곳곳에 먼지가 잿빛으로 앉아 있었고, 냉장고는 1회용 포장식품이 가득 차 있었다. 평소에 깔끔한 성격으로 알려진 것과는 딴판이었다. 궁금해서 물어보았더니 2달 전에 실연하고 엉망이 되었다고 했다. 자기 인생이 어쩌다 이렇게 꼬였냐면서 한탄하는 그에게 한마디 해 줬다. "꼬인 인생 풀려면 집 안 대청소부터 하고 네 마음도 청소해라!"

아무리 옥토라도 씨앗을 뿌리지 않으면 아무 결실을 맺을 수 없는 것처럼, 행운을 부르는 인테리어도 중요하지만 자신의 내면세계를 가꾸는 일이 우선되어야 한다.

3. 독신의 부엌에 꼭 필요한 식품목록

독신으로 살면서 매일같이 식사를 챙겨먹게 되지는 않는다. 기혼자보다 밖의 활동이 많은 까닭에 외식을 하는 경우가 다반사이다. 그러나 평소에 부엌 살림에 신경을 쓰면 외식을 줄일 수 있고, 갑작스런 손님의 방문이나 아플 때에도 손쉽게 먹거리를 장만할 수 있다. 그리고 이런 것들은 보관하기가 쉽기 때문에 한번 갖춰 놓으면 오랫동안 이용할 수 있다.

1) 곡류 기본적으로 쌀, 혼합잡곡, 율무, 현미, 검정콩, 검정깨, 들깨(보관은 냉동실)

2) 양념류 간장, 된장, 청국장, 고추장, 참기름, 올리브유, 현미유, 볶은 소금, 흑설탕, 맛술, 물엿, 감식초(피곤할 때 생수에 타서 먹으면 좋다)

3) 건어물 멸치, 다시마, 미역, 마른 새우, 마른 홍합, 뱅어포(칼슘의 보고),

황태채(해장국에 최고다), 마른 버섯(된장국, 버섯볶음), 김, 파래

4) 가루   콩가루, 파슬리 가루(야채 볶음, 계란찜), 고춧가루, 후추, 찹쌀가루 (부침개), 메밀가루, 생강가루, 살구씨 가루(얼굴 팩)

5) 건과류   밤, 대추, 땅콩, 호두 등은 피부노화 방지와 치아 건강(뇌를 자극하는 효과도 있다)에 좋다. 은행은 몇 개씩 구어 먹으면 정력을 좋게 한다.

6) 건강식품   황기(땀을 많이 흘릴 때), 수삼, 대추, 계피(몸이 찰 때나 감기에 좋다)

7) 차   녹차, 두충차, 결명자(눈), 오미자(미용과 정력), 감잎차(감기, 숙취해독), 유자차(감기, 숙취해독), 모과 차(몸살)

8) 저장식품   감자, 당근, 마늘, 양파, 말린 호박, 무말랭이,

9) 냉동식품   반건조 고등어, 삼치, 조기, 마른 번데기

10) 캔류   죽순, 깻잎, 참치, 옥수수(캔 안의 물을 빼고 밥 지을 때 넣는다), 마늘 장아찌

11) 기타   꿀(차로 먹고 생과일 주스에 넣기도 하고 마사지도 한다), 죽염

(식용, 양치용, 배탈, 소화제, 마사지 등), 숯(습기 제거와 탈취제로 신발장, 거실, 냉장고, 옷 보관용 등)

12) 건강 보조식품 다시마 환(변비나 소화불량), 마늘 환(원기회복, 강장제), 산수유 환(신장의 기능 강화로 피부미용, 강장제), 종합 비타민 1통

13) 간식거리 검정콩 볶은 것, 마른 번데기(물에 담가 여러 번 헹군 뒤 건져서 생수를 조금 담은 냄비에 넣고 살짝 끓인다), 북어채(달군 프라이팬에 참기름을 한 방울 떨구고 볶는다)

14) 냉장용 검정콩 두유, 칡즙(머리를 많이 쓰는 사람에게 효과가 있다), 알로에, 토마토, 다시마 쌈, 도라지(니코틴 제거)

15) 안주용 호박씨, 해바라기씨, 과일 말린 것, 대추, 육포, 한치, 치즈, 피스타치오, 멸치, 버섯스낵

내 경험으로는 돈이 없을 때라도 부엌에 먹을 것이 많으면 식비도 절약되고 마음도 든든하다. 잘 챙겨 먹는 독신이 행복하다는 것이 나의 지론이다. 기분이 우울할 때 맛있는 음식의 향과 맛은 치료제가 될 수 있고, 기진맥진할 때 마시는 건강 차는 약이 된다.

자신의 건강을 지키려면 무엇보다 먹거리에 신경을 쓰고, 다양한 식품을 챙기자.

4. 응급시의 자가치료

혼자 살면서 가장 힘이 들 때가 몸이 아플 때이다. 그래서 독신끼리는 서로의 건강을 챙기는 것이 안부 전화의 서두가 된다. 의사들 말로는 독신이 기혼자보다 면역력이 떨어진다고 한다. 갑작스런 감기 몸살, 급체 등에 혼자 할 수 있는 방법은 간단하면서도 효과가 빠르다.

1) 감기   코감기에는 식염수나 죽염수로 코를 헹구고 멸치국물에 파를 넣어 먹는다. 시금치국, 콩나물국이 좋다. 몸살에는 쇠고기 양파국이 효험 있다. 쇠고기 100g을 냄비에 넣고 볶은 다음 양파 1개를 썰어 마늘과 고춧가루를 넣고 팔팔 끓이는 것이다. 몸살 때는 영양가 높은 외식을 하는 것도 필요하다. 기침감기는 으깬 호두를 꿀에 넣어 차로 마신다. 배를 강판에 갈아 꿀과 함께 두꺼운 냄비에 넣고 끓인 것을 마셔도 좋다. 뜨거운 레몬차, 유자차, 감잎차, 인삼 넣은 대추차, 쌍화차를 자주 마신다. 외식할 때는 얼큰한 내장탕이나 알탕이 속을 덥혀 준다.

2) 급체 주로 고기를 먹을 때 일어난다. 손톱 밑 따 주기가 가장 빠르다. 먼저 어깨에서부터 탁탁 아래로 쳐내린 다음 손을 주무른다. 엄지의 손톱 밑을 고무밴드로 묶은 뒤 굵은 바늘(라이터 불에 달군 다음)로 따 준다. 주먹을 쥐고 명치 끝을 두드려줘도 된다. 죽염을 입에 넣어 침으로 녹여 삼키는 것도 도움이 된다. 생과일 주스를 마시는 것도 한 방법이며(키위, 사과, 파인), 양배추 주스도 좋다.

3) 배에 가스가 차고 더부룩할 때 명치와 배꼽 중간 부분을 눌러 준 후, 손바닥으로 문지르면서 아래로 쓸어 내린다. 그리고 발을 따뜻하게 한 다음 엄지손가락과 검지손가락 사이의 볼록한 부위를 아플 정도로 눌러 준다. 드라이어기로 뜨거운 바람을 배에 쏘여 준다. 보온병에 뜨거운 물을 담아 배에 댄다. 무즙, 생강차, 알로에 주스, 배즙, 식혜 등을 마시는 것도 한 방법이 된다. 이 경우 요가 자세 중에 활 자세가 도움이 된다. 먼저 배를 바닥에 붙이고 누웠다가 양손으로 두 다리의 발목을 잡고 목을 뒤로 젖혀 몸을 둥글게 만든다. 머리가 발끝에 닿게 만들려고 하다 보면 등과 배에 자극이 되어 소화를 돕는다.

4) 배탈 배를 따뜻하게 하고 손으로 배를 천천히 마사지 해 준다. 생강차를 뜨겁게 해서 마신다. 오이를 얇게 저며 설탕에 잰 후 먹어도 효과가 있다.

5) 숙취제거 과음으로 속이 괴로울 때는 오바이트를 하는 것이 가장 빠르다. 녹차를 뜨겁게 해서 계속 마셔도 속이 편해진다. (녹차의 카페인이

알코올 분해효소의 활성화를 높여준다고 한다) 칡즙도 숙취로 인한 두통을 없애 준다. 생수를 많이 마시는 것도 좋다. 따뜻한 물로 가볍게 샤워한 후 온몸을 주물러도 도움이 된다. 그 외에 속풀이로 해장국을 만들어 먹는다. 북어국(북어채를 참기름과 죽염을 넣어 볶은 다음 물을 붓고 끓이다가 파, 무와 계란을 풀어 넣는다), 무국(무를 나박으로 얇게 썰고 고춧가루, 마늘과 같이 넣어 끓인다), 차는 인삼차, 꿀차, 감잎차, 유자차(비타민 C가 알코올 분해를 돕는다) 등이 효과가 있다.

건강은 건강할 때 챙기라는 말이 있다. 과로나 스트레스의 누적이 병을 부르지만 평소에 건강관리를 해야 한다. 육류나 과식을 피하고 규칙적인 생활과 절주, 금연, 운동이 독신에게는 절대적이다. 1년에 1번씩 생일에 정기검사를 받는 것도 좋은 방법이다. 그리고 약간이라도 몸에 이상이 느껴지면 차일피일 미루지 말고 병원이나 한방을 찾는 것이 현명하다. (특히 독신은 병을 키워서 의사를 찾는 일이 다반사이다)

5. 행복한 독신을 위한 10 계명

1) 돈이 있어야 자유도 있다

일정한 수입과 저축이 확보되지 않아 먹고 사는 데 쪼들린다면 독신의 자유는 획득할 수 없다. 사람들과 교제하는 것도, 문화생활을 하는 것도, 자기 투자를 하는 일도 모두 다 돈이 있어야 가능하기 때문이다. 최소한의 경제력을 갖추지 못한 독신만큼 비참한 인생도 없을 것이다. (누가 날 먹여 살리느냐고요?)

2) 심신이 건강해야 행운도 따른다

자기 관리를 하지 못하면 마음과 몸이 병들기 쉽다. 병든 사람에게는 행운의 신도 문병오지 않는다. 이기적이고 독선적이며 계산적인 사람은 소외감을 벗삼다 심보가 뒤틀리고 그러다 정신과 환자가 되기 일쑤다. 그러면 반드시 몸에도 병이 찾아 온다. 반대로 몸이 병들면 마음도 평정을 잃고 칼날을 세우기 쉽다. (자신이 먼저 베인다) 행운은 습하고 어두운 곳에 찾아오지 않는다.

3) 꿈과 희망이 미래를 만든다

인생의 꿈도 없고 목표도 없이 부평초같이 떠 있는 독신에게 미래는 없다. 돈과 건강이 있어도 꿈이 없다면 하루아침에 날릴 수 있기 때문이다. 꿈이 있을 때 삶의 의욕이 있고 생기가 돌기 마련이다.

4) 적극적이고 긍정적인 생각이 운명을 바꾼다

긍정적인 생각은 좋은 에너지를 끌어당기며, 몸의 면역력을 키운다고 한다. 열정은 잠재력을 깨우고 능력을 만들며 운명을 바꾼다.

5) 성격이 좋아야 친구가 모인다

인간관계가 어떤가에 따라 독신 생활의 만족도가 달라진다. 이해관계 없이 서로를 챙겨 주는 친구가 없는 독신은 로빈슨 크루소와 같다. 인간에 대한 믿음과 애정이 없으면 밥 굶어 죽지는 않아도 외로움에 자살하는 경우는 늘어가는 현실이다.

6) 취미생활이 활력소가 된다

주변에서도 무취미로 사는 독신들이 더러 있다. 그들은 대개 휴일에는 방콕 족으로 TV 앞에서 '테돌이'로 지내고 평소에는 음주로 고독을 희석시키며 산다. (그러다 주기적으로 병원신세를 진다) 건전한 동호회 활동은 스트레스 해소와 함께 정보의 교환, 친목도모로 독신 생활의 종합 선물세트와 같다.

7) 신앙생활과 봉사활동을 한다

이 두 가지의 공통점은 자신의 삶에 감사하는 마음을 갖게 한다는 점이다. 그것은 자신의 내면을 들여다보는 기회를 주기 때문이다. 특히 어렵고 힘든 때에는 위안이 되고 흐트러진 마음을 가다듬는 계기가 되기도 한다.

8) 혼자 있는 시간을 즐겨야 한다

혼자 산책도 하고 영화도 보고 전시회도 다니다 보면 동행이 있을 때와는 다른 편안함을 느낄 수 있다. 그것은 독신만이 누릴 수 있는 특권이기도 하다. 혼자 있는 걸 힘들어하는 사람은 빨리 상대를 구하는 것이 좋다.

9) 연애나 결혼에 목매지 않는다

독신으로 산다고 연애나 결혼을 하지 말라는 것은 아니다. 그것은 각자의 선택의 문제이기 때문이다. 그런데 독신생활을 임시 정류장으로 생각한다면 (임시가 될지 종점이 될지는 아무도 모른다) 삶이 너무나 길고 권태롭게 느껴질 것이다. 그러다 조급한 마음에 상대를 잘 못 만나면 권태 대신 고통을 자초할 수 있다. 당당하게 사는 독신에게 연애의 기회는 더 많이 찾아온다.

10) 나에 대한 믿음과 사랑이 행복의 지렛대이다

독신 중에는 넉넉한 유산과 위자료를 받고 살다가 '원수'(?)를 만나 재산 날리고 상처받고 망신살 뻗치는 사람이 종종 있다. 자신에 대한 믿음과 사랑이 부족했기 때문이다. (외로움과 두려움 때문에) 나 자신을 사랑하지 않은 사람은 남의 사랑도 받지 못한다. (이용당하기 좋다)

행복한 독신으로 사는 방법은 자신에 대한 믿음과 자신을 조절하는 능력에 있는 것이다. 아마도 누군가는 이렇게 묻고 싶을 것이다. "당신은 행복하게 잘 살고 있습니까?" 물론 100% 행복하다고 대답할 자신은 없다. 그러나 확실한 사실은 행복하게 살려고 엄청난 노력을 한다는 것이다. 다음과 같은 이야기를 들은 적이 있다.

"독신은 고통 없는 지옥이고, 결혼은 고통스런 천당이다."

정말 절묘한 비유가 아닌가! 그런데 나는 '지옥' 속에서 살아온 14년이라는 세월의 힘이 나를 성장시켰다는 걸 느낀다. 돈 때문에 고생하고 몸이 아파 울고, 연애하면서 속 썩고, 부처님 앞에 가서 하소연하고, 친구 잘 만난(?) 덕에 돈 떼이고 뒤통수 맞고, 골 때리는 세입자 만나 법원 들락거리고…….

흔한 말로 산전수전 다 겪은 듯 싶다. 인생이라는 학교에서 배울 수 있는 과목은 골고루 수강한 셈이다. 그 덕분에 '공부'도 하고 삶이 많이 가벼워졌다. 그리고 이제야 어떻게 사는 것이 행복한 삶인지를 조금은 알 것 같다. 그리고 매일 나에게 주문을 건다.

"너는 잘 살 거야. 모든 일이 잘 풀릴 거야. 그러니 열심히 살아!!!"

부 록

독신에게 도움이 되는 인터넷 사이트 소개

독신으로 살다 보면 일상 속에서 일어나는 문제를 혼자 해결해야 할 때가 많다. 또한 여러 가지 정보를 얻고 도움을 받을 수 있는 인맥이 다양하지 않은 경우가 많다. 또한 여가생활에 필요한 정보를 얻을 수 있는 것도 인터넷의 활용에 있다. 여기서는 대중적으로 많이 알려졌거나 내 개인적인 경험을 기준으로 사이트를 소개한다.

1. 독신

굿모닝 솔로 www.ssolo.com   '솔로는 솔로가 돕는다' 는 취지에서 출발하여 20대부터 40대의 다양한 세대의 회원 구성과 독신의 애환, 문화 프로그램, 봉사, 레포츠, 종교활동을 위한 26개의 소규모 커뮤니티들이 있다. 회원들의 유대감과 오프라인의 활성화로 유명한 사이트

독신의 방 www.solobay.com   독신생활의 보고서, 노하우, 건강, 재

테크, 등을 제공

솔로엠티 www.solomt.com   독신들의 친목단체로 레포츠, 등산, 여행 중심으로 제공

싱글마트 www.singlemart.com   독신을 위한 쇼핑몰

2. 생활

www.lets114.co.kr   생활 전반에 대한 다양한 종합 정보 사이트로 콜택시, 택배, 야식까지 있다. 전화번호부의 기능, 법률, 뉴스, 꽃배달, 여행 등의 정보 제공

http://lglife.co.kr   여성을 위한 사이트 모음으로 쇼핑몰, 병원, 부동산, 공동구매 등의 정보제공

www.empas.com/age/women   여성 주요 뉴스와 요리 맛집, 여성 취업 등의 정보 제공

www.womennews.co.kr   여성신문의 인터넷판. 여성과 관련한 최신 뉴스, 여성계 소식 제공

www.iftopia.com   페미니스트 저널인 '이프'의 인터넷판.

www.ddanzi.com   딴지일보. 사회, 정치, 문화적 문제 및 이슈에 대한 풍자적 기사 수록. 시사적 감각과 유머로 스트레스 해소와 사회의식 고취에 유용하다.

http://cafe.daum.net/andregagnon   남녀의 연애 심리학에 대한 내용 소개

http://miz.naver.com   20대 이상 여성고객을 타켓으로 정보제공

http://cityscape.empas.com   카페, 음식점, 문화공연, 생활 쇼핑 등

http://tongin.empas.com 독신을 위한 논스톱 이사로 일반, 포장이
사 외에 각종 생활편의서비스를 제공한다(하우스클리닝, 도장·
도배, 가사도우미, 베이비시터, 인테리어, 출장요리, 붙박이가구,
해충·방제, 경비·방범)

www.auto.co.kr 오토월드로 자동차 관련 시세, 보험과 법률, 정비 등
종합 정보 제공

www.dcplus.co.kr 인터넷의 공짜 정보 목록을 제공한다. 쿠폰, 할
인, 세일, 무료강좌 등의 정보 제공

www.neonet.co.kr 부동산 종합 정보를 제공.

www.boodongsan.net 신문에 실린 부동산 기사. 아파트 분양정보,
부동산 관련 무료 법률상담 등을 제공.

www.menupan.co.kr 전국 음식점의 메뉴 검색 및 요리법 소개

http://yory.empas.com 요리에 관한 정보 제공

3. 취업

www.recruit.co.kr 리쿠르트 회사로 취업에 대한 종합 정보 제공

www.work.go.kr 노동부의 고용 안정망으로 직업 적성 및 방향을 제
시해 주며 직업에 관한 내용이 방대하고 유익하다. 취업과 진로
에 도움을 받을 수 있다.

4. 법률

www.klac.or.kr 대한법률구조공단으로 일상 생활과 관련한 법률상담
사례를 제공

www.consumernet.or.kr   한국소비자단체 협의회로 소비자 피해 구제에 관한 각종 정보와 소비자 보호법에 대한 내용을 제공

www.sisters.or.kr   사단법인 한국성폭력상담소. 성폭력에 대한 모든 정보와 지식 제공

5. 금융

www.emoden.com   '이 모든'으로 인터넷 금융으로 대출, 신용카드, 보험, 증권, 금리환율, 펀드, 재테크에 대한 정보를 제공

www.wealthia.com   웰시아. 인터넷 금융사이트. 재테크 상담, 증권, 카드, 보험, 대출, 부동산 등 금융상품 백화점의 정보 제공

http://loan.naver.com   대출 관련 은행 상품을 소개

http://kli.korealoan info.co.kr   한국대출정보주식회사. 대출 전문 사이트로 유명하다.

6. 건강

www.vege.or.kr   한국생명채식연합으로 전국의 채식 모임, 채식요리 강습회, 관련 스터디, 캠페인 등 활동을 소개

www.healthkorea.net   각종 건강상담과 건강체크, 다이어트, 금연 등의 정보제공

www.urihanbang.org   우리 한방넷. 건강 상담, 사상체질별 식생활, 건강정보 소개

7. 명상, 요가

www.achiim.com   피라밋명상원. 이곳에서 운영하는 피라밋홀은 국내 최대 규모의 명상리조트이다. 황토로 된 숙박시설과 유기농 먹거리, 단체와 개인을 위한 명상 프로그램, 단식, 요가 소개

www.yogakorea.com   한국요가연수원. 우리나라 최고의 요가 단체인 '한국요가학회'에서 출발하여 요가 강좌, 요가지도자 과정, 전국수련원의 안내 등 요가정보 제공

www.yogism.com   한국요가문화원. 한국요가지도자연합회 강사진의 수련내용을 소개하고 있다. 태교, 어린이, 수험생, 직장인을 위한 수련과 자세교정을 위한 요가, 요가지도자 과정 등이 있다.

www.mindvision.org   정신세계원. 국내 유일의 명상도서, 기능성 음반, 명상음반, 명상과 건강관련 강좌(치유명상, 밥 따로 물 따로 음양 식사법, 명상학습, 약손요법, 티벳탄 펄싱 전생체험 등) 안내와 마인드쇼핑몰운영

www.gooddiet.com   다이어트 관리법, 연예인 다이어트법의 장단점, 전문가 상담 등 소개

8. 레포츠

www.leports365.com   국내외 여행 정보 및 스키, 스노보드, 수영, 래프팅 정보 제공

www.netports.co.kr   스키 리프트 할인권, 레저상품, 콘도 예약 안내, 관광명소 소개

www.everland.com   에버랜드의 캐리비안 베이 이용 안내

www.spavis.co.kr   아산 스파비스 이용 안내

9. 여행

www.korail.go.kr   철도청 홈페이지. 기차여행에 관한 정보와 다양한 기차여행 상품과 기차표 예약 등을 제공

www.traveltimes.co.kr   여행신문으로 빠른 여행소식과 방대한 여행자료 제공

www.nara.co.kr/public/island   우리나라 섬들의 관광정보 소개

10. 문화 ― 역사, 환경

www.heritage.go.kr   국가문화유산종합정보서비스. 국보를 비롯한 각종 문화재를 시대별, 지역별. 유형별로 정리하고 박물관의 정보를 제공하고 있다.

http://chosun.urinara.com   조선시대에 대한 모든 정보와 역사신문. 문화유산탐방 제공

www.smgeco.net   생태정보시스템. 새만금 자연생태 정보와 자연생태관, 가상생태체험관, 역사문화관 등 소개

11. 엔터테이먼트 ― 영화, 드라마, 미술, 사진, 음악

www.cinepark.com   국내 최초의 인터넷 상영관. 개봉영화 예고편, 작품 소개 및 동영상 제공

http://kr.vod.yahoo.com   야후 상영관. 국내외 개봉영화, 애니메이션, 베스트 상영작 소개

www.indym.com   인디매니아. 독립영상제작 영화, 애니메이션, 뮤직 비디오 등의 작품 상영

www.imbc.com 문화방송의 베스트 극장에 대한 목록, 대본보기 등 드라마에 대한 정보

www.artcenter.co.kr 아트센터. 연극, 영화, 음악 등 문화예술에 대한 종합정보 제공

www.photoman.co.kr 포토맨. 기초 촬영부터 고급 기술정보까지 다양하며 사진 강좌 제공. 초보자들에게 유용하다.

http://kr.asiamusic.net 아시아뮤직넷. 국내외 가수별 앨범 소개. 각종 장르의 음악듣기 서비스 제공

www.hellojazz.com 초보자를 위한 재즈, 추천 음악 리얼 오디오 및 뉴에이지 소개

www.classicsall.net 클래식코리아. 고전 음악에 대한 정보와 동영상 감상 서비스 제공

www.bestwine.co.kr 와인 전문가칼럼, 전문가가 추천해 주는 와인, 관련지식 및 상품안내

www.wine21.com 인터넷 전문 와인숍으로 와인에 대한 지식과 추천 상품 소개

www. winenara.com 세계 와인 정보와 시음회 안내

혼자 잘 살면 결혼해도 잘 산다

초판 1쇄 인쇄 | 2003년 9월 20일
초판 1쇄 발행 | 2003년 9월 24일

지은이 | 임계성
일러스트 | 김관형

펴낸이 | 한익수
펴낸곳 | 도서출판 큰나무

기획 | 유연화
편집 | 성효영, 김미진
관리 | 조은정
마케팅 | 한성호, 이영학

등록 | 1993년 11월 30일(제5-396호)
주소 | 120-837 서울시 서대문구 충정로 3가 3-95 2층
전화 | (02) 365-1845~6
팩스 | (02) 365-1847

이메일 | btreepub@chol.com
홈페이지 | www.bigtreepub.co.kr

ⓒ 임계성, 2003

값 9,500 원
ISBN 89-7891-172-2 03810

저자와의 합의 하에 인지를 생략합니다.

값 5,000원